시간의 마디를 걷다

시간의 마디를 걷다

이춘희 수필집

필리리스토리

가벼운 마음으로 길에 오른다.
건강하고 자유롭게, 세상은 내 앞에 펼쳐져 있다.
-월트 휘트먼, 〈걷는 길 위의 노래〉에서

시간의
마디를 걷다

초판발행   2025년 11월 30일

지은이   이춘희
펴낸이   사이채
펴낸곳   필리리스토리
         등록   제2016-000207호
         홈페이지   https://blog.naver.com/vvalley
         전화   010-4998-5375
         이메일   sa7273@naver.com

ⓒ 이춘희, 2025
ISBN 979-11-89758-43-1

값 13,000원

작가의 말

　자연을 향한 발걸음은 오래된 내 안의 아이를 깨웁니다. 산을 오르며, 호수를 그리며, 바다를 기다리는 마음은 때로 잠을 빼앗아 가기도 합니다. 막상 그곳에 닿으면 낯익은 고향처럼 넉넉한 품이 나를 감쌉니다. 비라도 내리는 날이면 우산을 접은 채 빗속의 젖은 냄새와 소리를, 마치 처음 듣는 언어처럼 받아들입니다. 그 순간 물과 나무와 흙이 나를 감싸며 하나의 풍경으로 이어집니다.

　나는 그 떨림들을 글로 묶습니다. 새의 울음이 내 문장에 길을 내고 파도의 숨결이 행간을 흔들며 바람의 속삭임은 때로 아무도 읽지 못할 비밀을 적어 놓습니다. 사랑과 기쁨 그리고 설명할 수 없는 서늘한 떨림까지도 문장이 되어 심장 깊은 곳에서 다시 살아납니다. 시간이 무겁기도 했는데, 이제는 순간들이 손가락 사이로 흘러내려 허공에 흩어지는 것이 아쉬워 허무조차 붙잡고 싶습니다.

　흔적 없는 삶을 상상해 본 적이 없습니다. 글은 결국 나의 발자취들이 모여 만든 작은 노래입니다. 독자의 마음에 이 문장들이 바람처럼 스치고 미처, 본 적 없는 호수의 물결처럼 잔잔히 머물기를 바랍니다.

2025년 11월 이춘희

차례

제3부 호수에 물든 가을 이야기

제1부 황금기 정원에서

인생의 황금기란
결국, 시간을 어떻게 채우느냐에 따라 달라지는 빛이 아닐까.
노력과 도전을 멈추지 않을 때, 삶은 끝까지 성장할 수 있다.

마음의 먼지를 닦으며

봄은 꽃보다 먼저 황사와 미세먼지를 데려온다.

"오늘 전국적으로 미세먼지 많습니다."

일기예보에서 이런 익숙한 말이 흘러나오면, 사람들은 마스크를 챙기고 창문을 닫는다. 언제부턴가 맑아야 할 봄 공기마저 일상의 불청객이 되어버렸다.

황사의 뿌리는 사막에, 미세먼지의 뿌리는 산업 굴뚝에 있다. 내몽고의 메마른 사막에서 일어난 흙먼지, 중국 산업도시의 연기, 그 바람길 끝에 한국 하늘이 있다. 그러나 그것은 결코 남의 탓만은 아니다. 우리 역시 자동차 매연, 편리함을 좇는 생활에서 그 흐름을 함께 만들고 있다. 먼지는 단순히 닦아내면 사라지는 입자지만, 몸속에 스며들면 건강을 갉아먹는 어두운 그림자가 된다.

"눈에도, 마음에도 먼지가 내린다."는 글을 읽은 적이 있다. 먼지가 쌓이면 세상을 있는 그대로 보지 못하고, 보고 싶은 대로만 본다는 말이다. 그 문장이 내 안에서 오래 맴돌았다.

그때 떠오른 풍경이 있다. 집과 멀지 않은 여의천을 걷던 날, 길가에는 노란 꽃과 푸른 풀이 무성했다. 나는 무심히 그것들을 잡초, 이름 모를 꽃이라 불렀다. 사실 그들은 이미 꽃이고 풀이었다. 내가 이름을 몰라서 하찮아서 그런 것이 아니라, 내가 불러주지 않았을 뿐이다. 그 순간 묘한 미안함이 밀려왔다.

만약 꽃에 귀가 있다면, 내가 내뱉은 이름을 좋아할까?

그 질문은 나 자신에게로 돌아왔다. 사람도 마찬가지가 아닐까? 누군가의 이름을 불러주지 않고, 그저 저 사람, 그 무리로만 부를 때, 우리는 이미 마음의 먼지 속에서 그들을 흐릿하게 보고 있는 건지도 모른다.

몸에 난 상처는 남의 손길로 치유되지만, 마음의 눈에 낀 먼지는 남이 닦아 줄 수 없다. 오직 스스로 맑아지려는 노력이 있어야만 사라진다. 붓다의 눈이 먼지 없는 것은 마음이 맑기 때문이고, 예수님의 언어에 잡초가 없는 것은 사랑만이 자리하기 때문일 것이다.

나는 얼마나 자주 한쪽 눈을 감은 채 세상을 보아왔던가.

생각해 보면, 보기 싫은 것은 외면하고, 보고 싶은 것만 바라보다가 결국 왜곡된 풍경 속에 머물렀다. "제 눈에 안경'이라는 말도 있고, 돼지 눈에는 돼지만 보인다."는 속담도 있지 않은가. 마음의 먼지가 낀 눈으로는 세상을 똑바로 볼 수 없다.

여의천에 다시 서니 꽃들이 달리 보인다. 더 이상 '이름 모를 꽃'이 아니다. 내가 이름을 찾아 불러주니, 꽃들은 온몸으로 미소 지으며 대답한다. 이상하게도 그 순간 하늘이 맑아진 듯, 황사도 미세먼지도 사라진 듯했다. 내 눈이 맑아지니 발걸음마저 가벼워졌다.

먼지 없는 세상은 아마도 그런 것이리라. 공기의 먼지가 사라지는 세상만이 아니라, 마음의 눈에도 먼지가 끼지 않는 세상. 그 맑음 속에서야 비로소 우리는 서로의 이름을 온전히 불러줄 수 있다.

그 이름 속에서 우리는 서로의 존재를 새롭게 발견한다. 누군가의 마음을 맑게 비추는 거울이 되어, 내 안의 흐림까지도 함께 걷어내는 일. 먼지 없는 세상은 멀리 있는 것이 아니라, 내 마음을 닦아낼 때 비로소 시작한다.

갈릴리호수 성지순례

　설레는 마음 안고 인천공항으로 향했다. 설 연휴, 수많은 이들이 해외로 나가는 길목에서 벽에 부딪혔다. 몇 해 전 예약했지만, 코로나로 문은 오랫동안 열리지 않았다. 그동안 막혔던 시간이 인제야 풀리며, 우리는 3년 전 약속을 이행하는 순례의 길을 나섰다.

　지구를 반 바퀴 돌아가는 12시간 비행, 텔아비브공항에 닿자 기나긴 비몽사몽 여독이 몸을 휘감았다. 이스라엘은 어쩐지 익숙하고도 생경했다. 우리나라의 1980년대 풍경을 닮은 작은 땅. 강원도만 한 면적에 인구는 800만 남짓이다. 믿는 신은 같아도 해석의 틈 때문에 갈라진 종교들이 평화 대신 전쟁을 품은 곳. 예루살렘엔 허름한 집들이 구불구불 밀집해 있다. 그 외의 지역은 물기 마른 황야, 돌투성이 들판이다. 그 척박한 대지에도 지중해의 물결은 여전히 푸르게 부서지며, 황량함 위에 낭만을 얹어놓고 있었다.

텔아비브에서 갈릴리로 향하는 길, 차창 너머 초록 들판이 펼쳐졌다. 꽃들이 드문드문 피어 있어 비옥한 땅처럼 보였지만, 점점 나무는 키가 작고 산은 민둥산이다. 석회질 땅이라 물도 귀했다. 마실 물 한 병에 1달러, 여행 내내 물병을 끼고 다녀야 할 정도였다. 만약 순례가 아니라면, 이 땅은 그리 반길 여행지는 아니었을 것 같다. 하지만 믿음의 여정을 더듬는 발걸음은 분명 다르다. 어떤 이는 세 번째 방문이라 했고, 누군가는 성경의 실루엣을 직접 눈으로 확인하는 것만으로도 감격이라 말했다.

그 많은 여정에서 단연코 마음이 머문 곳은 갈릴리호수다. 우리의 겨울과 달리 이곳은 가을의 공기를 머금고 있었고, 호수는 바다처럼 넓게 펼쳐졌다. 육지 한복판에 있으면서도 드넓은 수평선을 안은 그 풍경은, 잔잔한 숨결처럼 마음에 파고들었다.

숙소를 잡고 이틀간 머물렀다. 그 호수는 내가 오랫동안 마음속에 품었던 풍경이었다. 베드로가 고기를 낚던 곳, 그물이 찢어지도록 물고기를 건져 올리던 기적이 있던 호수.

시몬아, 넌 날 사랑하느냐?

그분의 질문이 아직도 물결 위를 떠도는 듯했다. 헤르몬산에서 녹아든 눈물이 흘러드는 이 호수는 지금도 사람들로부터 사랑받는다. 낚시하는 이들, 노을을 바라보는 이들, 그 시절과 지금이 나란히 호흡하는 풍경이다. 이른 아침엔 물가에 나가 사진을 찍고, 밀려드는 파도를 동영상으로 남겼다. 지인에게 영상을 보내자, 말로만 듣던 갈릴리 호수가 이렇게 생겼냐며 설렘 가득한 답장이 돌아왔다.

해 질 녘 호수는 장관이다. 붉은 태양이 수면 위로 차오르다 어느덧 노을로 번진다. '물멍'이라 하기엔 너무 숭고한 순간, 붉게 타오르는 수면은 마치 나를 삼킬 듯 깊고 따스했다.

그분도 이 노을을 바라보며 기도하셨을까?

나는 고요히 묵상에 잠긴다.

호수 주변에는 삶의 기운이 가득했다. 마을이 자리하고, 사역의 흔적이 깃들어 있다. 이스라엘 식수의 70%가 이곳에서 나온다지만, 사방은 여전히 광야였다. 물의 기적이 아니고서야 살아낼 수 없는 땅, 갈릴리는 그 중심에서 고요히 숨 쉬고 있었다.

식탁에는 베드로의 이름을 딴 생선이 올랐다. 돔과에 속한 이 물고기는 천 년이 넘는 세월 동안 호수에서 자라왔다고 한다. 레몬즙을 뿌리고, 신선한 채소를 얹어 한입 베어 무니 격세지감이 밀려온다. 그 시절과 내가 한 끼를 나눈 것만 같았다. 또 하나의 특별한 맛은 종려나무의 열매, 대추야자였다. 예수께서 예루살렘에 입성하실 때 흔들던 그 종려나무, 그 열매는 단맛으로 입안을 채웠다.

순례는 녹록지 않았다. 7시간 시차, 체한 첫날, 낯선 음식과 빠듯한 일정이라서다. 새벽부터 해 질 때까지 버스를 타고, 성지를 걷고, 듣고, 적고, 느끼고 쉴 틈 없는 발걸음은 영혼을 일깨우는 수련처럼 이어졌다.

갈릴리호수는, 그런 여정의 고단함을 부드럽게 감싸주던 품이었다. 예수의 사역이 머물렀던 장소, 병든 자를 일으킨 가버나움, 빵 다섯 개와 물고기 두 마리로 수천 명을 먹였던 기적의 터전이다. 그 물가에서 우리는 작은 배를 탔다. 바람 따라 흔들리는 그 위에서 선상 예배를 드리고, 성찬을 나눴다. 흘러가는 시간 위에 오래된 숨결이 되살아났다. 가슴이 찌릿했다. 갈릴리를 떠나며 내 안의 파문을 들여다본다. 그 호수는 내게 말을 건다.

고요하되 깊고, 넓되 유연하라, 그분처럼 세상을 보듬고, 물결처럼 흐르되 흔들림 없이 살아가라.

그래서 나는 지금, 마음속에 작은 갈릴리 하나를 품는다. 그 잔잔한 물 위에 내 삶의 화두 하나를 띄운다.

"경건하게, 유연하게. 흔들리되, 부서지지 않으며. 이제, 그렇게 나의 여정을 다시 시작하려 한다."

황금기 정원에서

사람은 성장하는 한 늙지 않는다.

105세 철학자 김형석 연세대 명예교수는 말한다. 그는 인생의 황금기를 60세에서 75세라 한다. 나는 그 말을 마음속에서 오래 굴리며 생각한다, 어쩌면 지금의 나는 황금기 문턱에 조용히 서 있는지도 모른다.

문득 내 삶을 비추어 본다. 이 소중한 시절을 나는 어떻게 살아가고 있는가? 떠오르는 장면은 내 시집 두 권 《돛단배의 저편》과 《바람 속에 묻은 시간들》을 내는 그 순간, 내 황금기는 바람을 타고 출항하고 있다.

젊음의 시간은 늘 앞만 보며 달리던 나날이었다. 눈앞의 성취에 매달려, 옆집 사람 얼굴조차 알지 못한 채 밤마다 불빛 속에 갇혀 살았다. 그러다 보니, 아이들은 각자집을 꾸리고 떠났고, 어느새 둘만 남은 집은 낯설도록 고요하다.

그래서일까. 이제 나는 더 자주 웃는다. 오래된 친구들과 여행길에 오르고 맛집을 찾아다니며, 가끔은 산을 오르며 숨을 고른다. 자유라는 낯선 공기가 몸을 감싼다.

여행과 독서 그리고 글쓰기. 이 세 가지는 내 정신을 성장하게 하는 가장 소중한 자산이다. 나는 그 안에서 삶의 조각들을 한 줄의 시로 묶어본다. 생각해 보면, 직장을 떠난 후 내 삶에서 가장 크게 달라진 건 바로 문학이라는 친구와 더 가까워졌다는 사실이다.

문학은 인간의 정신을 씻어내는 정화의 시간이다. 나는 누군가에게 그 시간을 건네고 싶어 시를 쓴다. 보람 있는 무언가를 남기고 싶어 오늘도 펜을 든다. 그러나 문학의 길은 참 가파르다.

목월 시인은 시 한 수 쓰기 위해 새벽마다 머리를 쥐어짜고 안 되면 벽에 머리를 부딪쳤다고 한다. 시성 이태백도 시 한 수 쓰기 위해 백번을 고치고 지우기를 반복했다. 서정주 시인은 국화 한 송이 앞에서 1년을 머물렀다. 생각해 보면 문학은 시간과 고통의 정수를 거르는 일이다.

나는 그 길을 기꺼이 택했다. 김형석 교수는 100세가 넘어도 글을 쓰고 책도 출간한다. 자녀들은 여전히 "아버지가 밥값을 내라"고 농담을 건네지만, 그 뿌리는 아직도 그 손끝에서 싹트고 있다.

나도 가끔은 두렵다. 더 이상 쓸 말이 남지 않은 것은 아닐까. 그러나 곰곰이 들여다보면, 내 안에는 아직도 채워야 할 여백이 많다. 어떻게 하면 그 여백을 아름답게 채울까.

소녀 시절부터 품어온 꿈, 내 삶을 담은 책을 남기고 싶었다. 시간은 강물처럼 흘러가는데, 한 생은 그렇게 길지 않은데, 무의미하게 흘려보낸다면 너무도 허무할 것이다. 나는 쳇바퀴 같은 일상에 남루함을 허락하고 싶지 않다.

그래서 오늘도 눈과 귀와 마음을 활짝 열어 끝없는 도전의 길에 선다. 내 안에 정원을 가꾸듯 한 줄 한 줄 시를 심는다.

인생의 황금기란 결국, 시간을 어떻게 채우느냐에 따라 달라지는 빛이 아닐까. 노력과 도전을 멈추지 않을 때, 삶은 끝까지 성장할 수 있다.

나는 지금, 황금기 정원에서 천천히 내 시간을 가꾸고 있다. 그 시간이 다해갈 때 한 송이 꽃으로 기억되고 싶다. 지금, 이 순간에도 내 황금기는 여전히 피어나고 있다.

몸으로 하는 독서 여행

가끔 길동무가 되어주는 친구들이 있다. 직장을 내려놓고 자식들마저 출가시켜, 떠나고 싶을 때 훌쩍 떠날 수 있는 친구들이다.

그중 한 친구가 동해안에서 하루 푹 쉬고 오자고 했다. 나는 집 밖을 나서면 잠을 잘 이루지 못해서 주로 당일치기 여행을 선호하지만. 이번에는 왠지 즐거운 여행이 될 것 같아 동참하기로 했다.

새벽길을 달려가 닿은 동해안. 차창 밖으로 옥빛 바다가 넘실거리고 해변은 끝이 보이지 않을 만큼 이어졌다. 물빛은 맑고 깊어, 바라보는 것만으로도 가슴이 시원히 트였다. 바다 위에는 꽃구름이 피어나 마치 누군가 풍경을 정성스레 꾸며 놓은 듯 절묘한 조화를 이루고 있었다. 환상 같은 장면이었다.

죽도 해수욕장에선 젊은이들이 서핑을 즐기고 있었다. 물살을 가르며 오르내리는 그 모습이 어찌나 그림 같든지 나도 모르게 물속으로 뛰어들고 싶은 충동이 일었다. 하조대 물치 해수욕장을 따라 차는 느릿하게 달렸고 바다는 우리 가슴에 장대한 스크린처럼 안겨 왔다. 영화의 한 장면 속에 우리가 들어와 있는 듯했다.

낙산에 이르니 해수관음보살상이 동해를 품듯 서 있었다. 그 앞으론 바다가 푸른 비단처럼 펼쳐지고, 소원을 적은 쪽지들이 해풍에 나부꼈다. 우리도 마음속 기도를 얹어 보았다. 2005년 산불로 잿더미가 되었던 사찰이 이제는 온전히 복원되어 다시는 상처 입지 않기를 기원했다. 언덕 위에서 바라본 풍광은 속초와 낙산 해수욕장을 한눈에 아우르며 파노라마처럼 펼쳐졌다. 다래헌에 앉아 차 한잔을 마시는 순간. 마치 이십 대 시절로 돌아간 듯 가슴이 두근거렸다.

양양의 콘도에 여장을 풀고 숙소 앞 바닷가로 나왔다. 모래 위를 걷고 뛰며 바닷물 속으로 맨발을 담갔다. 물결이 발목을 간질이다 밀려날 때마다 가슴은 두근거리며 동심으로 되돌아갔다. 그러나 문득, 오래전 기억이 스쳤다. 해운대에서 큰딸을 안고 파도에 휩쓸려간 일. 사력을 다해 버티던 순간, '이러다 죽을 수도 있겠구나'하는 절망이 스쳤다. 간신히 딸을 안고 해변으로 걸어 나오던 그때의 아찔함은 지금도 가슴을 조인다.

그날의 공포 때문인지 큰딸은 수영을 배우려 하지 않았고, 나 역시 파도 앞에 서면 본능처럼 뒤로 물러나곤 한다. 친구들은 파도가 밀려오면 환호성을 지르며 즐거워했지만, 나는 홀로 바닷가를 거닐며 파도의 환희를 곁에서 바라보는 것으로 만족했다. 그것만으로도 매우 충만했다.

노을이 바다를 붉게 물들이자, 우리는 속초 중앙시장으로 향했다. 풍성한 먹거리와 북적이는 인파, 바닷가에서 호떡집 앞에 줄을 선 아이러니한 풍경조차 여행의 한 장면이 되었다.

독서는 머리로 떠나는 여행이고, 여행은 몸으로 하는 독서다.

예전에 읽었던 구절이 떠올랐다.

오늘 동해안에서의 여정은 몸으로 읽어낸 한 권의 책이었다. 물빛과 파도, 바람과 노을이 문장이 되고, 웃음과 추억이 줄을 맞췄다. 언젠가 다시 꺼내 읽을 수 있도록 이 페이지를 내 마음 깊은 곳에 고이 접어 넣는다. 노을은 천천히 몸을 숨기며 하루의 책갈피를 덮어주었다.

삶의 가지치기

오랜만에 양재천을 걸었다. 여름철에는 곧고 푸른 나무들 사이에 매미 소리가 가득했다. 귀를 찢을 듯 요란했지만, 여름의 낭만으로 받아들였다. 지금은 고추잠자리들이 바람을 타고 이리저리 날며 가을을 즐기고 있다.

지난여름은 유난히 더웠다. 뜨거운 태양이 나무를 지치게 했던 걸까? 곧게 뻗었던 나무들이 제멋대로 가지를 뻗으며 어수선한 모습이 되어 있었다. 나무들이 힘겹게 견딘 시간이 고스란히 느껴졌다. 마치 사람의 걸음걸이나 표정만으로도 마음의 짐을 짐작할 수 있듯이, 나무 역시 그 지난 시간을 몸으로 말하고 있었다.

갑자기 요란한 소음이 길 위를 가득 채웠다. 웃자란 가지를 자르는 절단기 소리였다. 양재천 가로수를 정비하는 작업이 한창이었다. 무엇인가를 잘라낼 때는 뼈를 깎는 아픔이 따른다. 나무에 소리 없는 비명이 들리는 듯했다. 한때 그늘이 되었던 가지가 사정없이 잘린 것을 보면서 애처롭다는 마음이 들었다. 잘려 나간 자리에서는 풀빛 향이 짙게 피어올랐다.

바람에 실려 온 풀 향기가 어찌나 정겨운지 어린 시절 고향 뒷산에 온 것 같았다. 눈을 감으면 금방이라도 머루를 따고, 찔레순을 꺾어 먹던 그때의 광경이 선연했다. 햇살 아래 반짝이던 이슬방울, 솔잎이 짙은 향기, 손끝에 닿던 풀잎의 감촉, 그 감각은 아직도 나를 고향 속에 머물게 했다.

돌아오는 길에 가지치기를 마친 나무를 보았다. 무성했던 가지가 사라진 자리에는 단정하고 가벼운 실루엣이 남아있었다. 마치 깔끔하게 이발을 마친 청년처럼 한결 단아한 모습이었다. 비록 앙상해 보였지만, 이내 새로운 싹이 돋아날 것이다. 그 모습을 보고 우리네 인생에도 가지치기가 필요하다는 생각이 들었다.

살아오는 동안 무성하게 얽힌 가지가 있지 않을까?

지나간 인연, 의미 없는 추억, 내면을 갉아먹는 감정. 그 속에서 헤어나지 못해 마음이 무거워지는 것은 아닌가. 모든 가지를 움켜잡고 있으려는 것은 욕심일 뿐이다. 남겨둔 관계와 감정이 마음속에서 얽히고설켜, 바람 한 줄기조차 스며들지 못하게 만든다.

오래된 관계는 익숙함 때문에 쉽게 자르기 어렵겠지만 가지치기는 결국 마음을 비우는 행위이다. 내 욕심 때문에 불필요한 것에 얽매이는 것은 어리석은 일이다. 내려놓기가 쉽지 않지만, 더 풍성하게 자라기 위해서는 때로는 용기가 필요하다.

친구 관계도 마찬가지다. 멀리서 사는 친구는 만나기 어렵고 연락도 뜸해진다. 눈에서 멀어지면 마음에서도 멀어지는 법. 한편, 가까이 사는 친구들은 '차 한잔 같이하자'라는 짧은 말로 금방 만날 수 있다. 편안한 복장으로 편리한 장소에서 가벼운 마음으로 만난다. 나이가 들수록 단순하고 소박한 것이 더 마음에 들어온다. 이에 따라 불편한 인연은 자연스레 가지치기가 되곤 한다.

가지를 쳐낸 나무의 단아한 모습을 바라본다. 가지가 잘려 나간 자리는 아직 아물지 않았지만, 나무는 그 상처로 인해 더욱 단단해진다. 비워낸 만큼 더 많은 햇빛을 받고 더 깊이 뿌리를 내릴 것이다.

내 삶도 그러하길 바란다. 익숙함에 기대어, 붙잡고 있던 것들을 하나씩 내려놓으며 더 넓고 깊게 성장할 수 있기를 바란다.

오래된 것을 덜어내고 새로운 것을 채우며 삶을 변화시키고 싶다. 문득, 과거에서 벗어나 지금, 이 순간을 살아가는 것이 행복의 비결이라는 말이 떠오른다.

연둣빛 대청호, 그날의 나

　대청호 호반의 벚꽃 길을 걸었다. 꽃잎은 이미 바람에 흩어져 사라졌고, 그 자리를 고요가 채우고 있었다. 발아래 드문드문 흩어진 잎사귀는 오래된 계절의 흔적 같았고, 가지 끝마다 돋아난 연둣빛 새순은 다가올 시간을 예고하는 신호처럼 빛났다.

　수십 년을 버텨온 나무들은 어느새 고목이 되어 묵직한 그림자를 드리웠고, 숲과 산은 긴 세월의 이야기를 꿋꿋하게 품은 채 여전히 그 자리에 서 있었다. 호반 길을 따라 걸을수록 젊은 날의 내가 안개처럼 피어올라 내 곁을 스쳐 갔다.

　대청호는 단순한 풍경이 아니다. 인공호수로 태어나 홍수를 다스리고, 도시의 식수와 생활용수와 공업용수를 공급하며, 사람들의 삶을 묵묵히 지탱해 왔다. 대청댐은 수많은 이의 쉼터가 되었지만, 내게는 그 이상의 무언가다.

대학을 마치고 사회에 첫발을 내디뎠던 그때, 시청에 발령을 받고 이곳을 수시로 오갔다. 취수장과 정수장 건설 현장에서 도면을 펼치고, 거센 바람과 먼지 속을 오가며 장비를 발주하던 기억이 아직도 생생하다. 여성 기술 공무원이 드물었던 시절, 낯설고 두려움 속에서도 나는 이 길이 나의 길이라 믿고 걸었다. 선배들 틈에서 실무를 배우며 삶의 기초를 다져가던 그 시간, 대청호는 내 인생의 가장 깊은 서랍 속에 비밀처럼 자리 잡았다.

배 두 척이 호수를 가로지른다. 관광객의 눈에는 그 모습이 평화롭고 낭만적으로 보일지 모른다. 그러나 나는 안다. 그것은 단순한 유람선이 아니라 시민들의 식수를 지키는 수질 관리선이라는 것을. 그 배에 탄 이들은 언제나 긴장의 끈을 놓지 않고, 눈에 보이지 않는 위험과 맞서며 물의 맑음을 지켜낸다. 호수는 풍경을 넘어, 도시의 생명선을 품은 심장과도 같다.

오늘 대청호는 유난히 빛난다. 연둣빛 물결은 신록과 어우러져 눈 닿는 모든 곳을 수려하게 물들인다. 하늘과 산, 호수가 서로 겹쳐내는 풍경은 한 폭의 수채화처럼 잔잔하고, 이름 모를 새들의 지저귐은 소프라노의 맑은 선율처럼 공기를 흔든다. 이따금 내리는 가랑비는 풍경에 은빛 음영을 드리우며 시간마저 느리게 만든다.

그 위로 옛 기억들이 바람결에 부서져 와 닿고, 보온병 속 따끈한 커피 향기는 그 시절의 나를 다시 부드럽게 흔들어 깨운다.

산은 물을 넘지 않고, 물은 산을 건너지 않는다. 서로의 자리를 지키며 나란히 서 있는 풍경은, 그때의 나와 지금의 내가 서로를 인정하는 모습과 닮았다. 산을 오르면 정복감이 밀려오고, 물가를 거닐면 마음이 평온해진다. 그 단순하고 확실한 이치 속에서 나는 긴 세월을 건너온 자신을 바라본다.

연둣빛 호수 앞에서 나는 잠시 숨을 고른다. 언젠가 붉은 낙엽이 두텁게 쌓인 가을날, 이 길을 다시 걸으리라. 그때의 공기, 그때의 호수, 그리고 그때의 나를 다시 만나기 위해서. 과거로 향한 이 조용한 여정은 언젠가 다가올 내 미래를 밝히는 등불이 되어줄 것이다.

가시와 향기 사이에서

장미는 색깔이 참 다양하고 곱다. 햇살을 머금으면 꽃잎은 보석처럼 빛나고, 그 향기는 은은하여 사람 마음을 사로잡는다. 향수 속에 담기면 한 송이의 기억이 오래 살아남는다. 이집트의 여왕 클레오파트라도 그 매력에 사로잡혀 장미 목욕을 즐겼다 하지 않는가. 장미를 '꽃 중의 꽃'이라 불러도 모자람이 없을 것이다. 계절의 여왕인 오월이면 전국 곳곳에서 장미 축제가 열린다.

오월이 오면 나는 이상하게도 발걸음이 꽃향기를 쫓는다. 며칠 전, 부천에 있는 '백만 송이 장미 정원'에 다녀왔다. 전철을 타면 닿을 수 있는 가까운 거리였지만, 막상 눈앞에 펼쳐진 장관은 먼 여행 끝에 만난 듯 벅찼다.

정원에는 장미가 물결처럼 출렁이며 피어 있었다. 바람은 꽃향기를 품에 가득 안아 산책길 위에 풀어놓았다. 한 걸음마다 향이 달라졌다. 어떤 향은 달콤했고, 어떤 향은 가슴속 먼 기억을 건드렸다. 눈앞의 풍경은 마치 오래된 동화책 속 삽화를 한 장 한 장 꺼내어 펼쳐놓은 듯했다. 꽃잎마다 바람이 깃발처럼 펄럭였고, 그 움직임 속에 자연이 만들어낸 예술이 살아 있었다.

비록 절정의 시기는 조금 지났지만, 장미들은 여전히 생기발랄했다. 나는 고랑 사이 길을 따라 걸으며 꽃잎을 스치고 향기를 들이마셨다. 바람이 장미 향을 분홍빛 안개처럼 뿌려놓을 때, 내 가슴 안쪽까지도 그 색에 물드는 듯했다.

나는 특히 빨간 장미를 좋아한다. 꽃말은 '불타는 사랑'과 '아름다움'. 그 붉은빛은 마치 사랑의 심장이 두근거리는 순간처럼 뜨겁다. 그래서일까, 연인들이 고백의 순간 가장 많이 택하는 꽃도 바로 이 빨간 장미다.

문득 학창 시절, 한 남성이 건넸던 장미꽃이 떠올랐다. 그때도 오월이었다. 학교 축제에서 파트너였던 그는 작은 상자를 내밀었다. 포장을 벗기자, 그 안에는 빨간 장미 한 송이가 고이 누워 있었다. 나도 모르게 숨을 삼키며 짧은 탄성을 내질렀다. 그는 미소 지었지만, 나는 콧대 높은 나이였다. 장미처럼 가시를 먼저 내미는 본능이 내 마음을 지배했는지도 모른다. 결국 그는 내 가시에 찔려 떠나갔다.

　장미여, 누구에게 맞서려고 그 가시를 가지고 있는가?

　독일 시인 릴케는 이렇게 노래했다. 하지만 그는 역설처럼 장미 가시에 찔려 세상을 떠났다. 생은 그렇게 길지 않다. 장미도 지금은 찬란하지만, 곧 잎을 접고 향기를 거두어들일 것이다.

　집으로 돌아오는 길, 발길은 동네 꽃집 앞에서 멈췄다. 화병 속 장미꽃들이 나를 부르고 있었다. 그 꽃을 받을 누군가의 설레는 표정이 떠올랐다. 나는 장미꽃 한 다발을 샀다. 거실 화병에 꽂으며 기대했다. 이 향기가 오래 남아, 내 하루를 천천히 물들이기를.

　생명이 있는 모든 것은 전성기가 있다. 그 순간은 빛이 가장 고르고 향이 가장 짙다. 나 또한 살아오며 누군가에게 향기를 전했을까. 혹 남은 향기가 있다면, 이제는 가시보다 따뜻한 사랑의 향기를 내고 싶다.

　인생은 결국 자신이 남긴 향기로 기억된다.

　그 향기가 사랑이었다면, 그 생은 참으로 아름다웠다고 말할 수 있다.

뿌리공원의 단상

대전에 가면 이름도 생소한 뿌리공원이 있다. 뿌리공원에서는 매년 '효(孝)문화축제'를 개최한다. 몇 년 전, 이 축제에 참석해서 깊은 인상을 받은 적이 있다. 마침, 대전에서 친구네 혼사가 있어 내려간 김에 공원에 들렀다.

공원을 걷다 보니 한국족보박물관이 보였다. 우리 조상들의 뿌리에 관한 정보를 모아놓은 곳이다. 이곳에는 족보 목판이 전시되어 있다. 조선시대 왕실 족보 체계와 우리나라 성씨별 족보 관련 자료들을 다양한 형태로 전시하고 있다.

재미있는 것은 244개의 성씨 조형물이다. 테마별로 분류하여 조성하였는데, 조상의 뿌리와 경로효친 사상을 돌아 볼 수 있어 유익했다. 내 성인 한산 이 씨의 조형물을 찾을 수 있어 반갑고 자랑스러웠다.

족보의 역사는 600여 년 전 조선시대 초기로 거슬러 올라간다. 족보는 양반 가문에서만 만들었기에 서민들은 엄두도 못 냈다. 양반이 되려면 삼 대에 걸쳐 생원이나 진사 이상 벼슬을 해야 했다. 서민들은 자기 뿌리조차 알 수 없었고, 열심히 공부해서 벼슬을 따거나 돈을 벌어 양반 족보를 사기도 했다. 심지어 신분을 감추려고 멀리 야반도주도 했다고 한다. 신분을 대물림하니 어쩌겠는가. 조선시대는 유교 지배의 농경사회였기에 계급 차별이 가능했던 것 같다.

조선왕조실록이 국가의 공적 기록이라면, 족보는 가문의 사적 기록이었다. 족보에 담겨 있는 가문의 역사와 인물을 집대성하면 우리나라 역사가 될 수 있다. 우리 조상들은 그만큼 족보를 소중히 여겼다.

뿌리공원에서 내 뿌리에 대해서 되돌아보았다. 나는 한산 이씨다. 중시조는 고려 말 성리학의 대가 목은 이색이다. 포은 정몽주, 야은 길재와 함께 3은(三隱)으로 불렸다. 문하시중이라는 높은 벼슬을 지냈고 조선 개국을 불사이군(不事二君)이라고 반대했다가 장흥으로 유배가기도 했다.

어릴 적에 할아버지가 가끔 우리 집에 와서 묵고 가곤 했다. 할아버지가 오시면 엄마가 가장 먼저 큰절을 드렸고 우리 남매들도 나이순으로 엎드려 큰절했다. 아버지가 퇴근해 집에 돌아오면 역시 큰절했다.

할아버지는 우리 남매들을 모아놓고 족보 이야기를 했다. 어떨 때는 자료를 가져와 보여주기도 했다. 목은과 월남 이상재의 초상화를 보았던 기억이 난다. 지금 생각해 보면 우리에게 조상에 대한 자부심을 심어주기 위한 것이었다.

공원에는 호수가 있다. 호수에 띄운 오리배에 올라 목은을 생각했다. 목은은 한시를 6,000수나 지은 시인이기도 하다. 멸망하는 고려를 걱정하며 시를 읊었을 것이다.

나도 시인이 되어 중시조 이색의 피를 이어받았다고 생각하니 가슴이 뿌듯했다. 요즘 아이들은 족보에 관심이 없다. 하지만 정체성이 혼란스러운 이러한 시기에는 뿌리를 존중하고 효(孝) 정신을 살려야 세상이 바로 잡히리라 생각한다.

공원에서 본 나무들은 뿌리로 서로 연결되어 있다. 뿌리를 통해 물과 양분을 주고받으며 생명을 이어가고 있을 것이다. 사람인들 다르랴. 우리 민족은 조상을 통해 서로 연결되어 상부상조하면서 오천 년 역사를 창조해 왔다. 효 문화가 뿌리를 내려 바람직한 사회공동체가 이루어지기를 뿌리공원에서 기원한다.

허전함 너머의 희망

달력이 마지막 한 장만 남았다. 12월, 어느새 한 해의 끝자락이다. 창밖을 바라보니 낙엽처럼 흩어진 시간이 떠오른다. 새해 첫 태양을 마주하며 설렘으로 계획을 세우던 날이 엊그제 같건만, 분주했던 일상은 점차 고요해지고, 밀려드는 허전함은 나를 되돌아보게 만든다.

얼마 전, 아흔을 훌쩍 넘긴 아버지를 뵈러 부여를 다녀왔다. 평생을 교직에 몸담으시며 헌신의 삶을 살아오셨던 아버지. 비 내리는 날은 등하교하는 아이들을 등에 업고 하천을 건너던 기억, 방과 후에도 부진한 학생들을 밤늦도록 지도하던 모습은 지금도 선명하다. 그래서 "부진한 학생들을 정상으로 끌어올리는 선생님"이란 말은 아버지의 대명사였다.

열정으로 가득했던 그 모습, 인생의 반환점을 돌고 나니 시간은 마치 급행열차를 타고 종착역에 가까이 온 듯, 이제 아버지는 백발에 구부정한 모습이다. 서너 달 전까지만 해도 신문을 샅샅이 읽으시고 늘 책이 눈에서 멀어진 적이 없었다. 그 모습을 볼 때마다 아버지의 뇌는 노화되지 않을 거라는 생각을 은근히 했었다. 그런데 세월을 이길 장사는 없다고, 이제는 치매라는 시간의 장벽 속에 갇혀 가족조차 바로 알아보지 못하실 때가 있다.

그런 아버지를 볼 때마다 나는 마음이 시리다. 어머니와 이별한 지 벌써 10년, 고독한 시간 속에서 어머니의 영정을 바라보는 아버지의 눈빛은 깊은 그리움을 담고 있다. 나는 그 눈빛 속에서 인생의 무게를 느낀다.

〈님아, 그 강을 건너지 마오〉라는 영화처럼, 결국 인생의 끝은 혼자가 되는 길일지도 모른다. 하지만 아버지의 고독이 단지 외로움으로만 남지 않기를 바랄 뿐이다. 그것이 아버지의 삶의 흔적이자 누군가에게 남긴 따뜻한 기억으로 이어지길 소망한다.

올해 나는 무엇을 남겼는가?

답을 찾으려 애쓰다 보면, 남겨진 시간이 하나둘 떠오른다. 하지만 아쉬움은 추억보다 더 크게 다가오곤 한다. 이루지 못한 목표들, 채우지 못한 바람들. 그 모든 갈증은 다시 한번 삶의 의미를 찾도록 나를 이끈다. 어쩌면 허전함은 스스로에게 묻는 질문일지도 모른다. 그 질문 속에서 나는 무언가를 배우고 앞으로 나아갈 힘을 얻는다.

삶은 늘 그렇게 나에게 묻는다. 무엇을 남기고, 무엇을 기억하게 할 것인지. 분주하게 흘러가는 하루하루는 우리가 살아있음을 증명하고, 허전함은 더 나은 내일을 향한 채움의 시작이 된다.

연극이 끝난 후 텅 빈 객석에 남겨지는 고요함처럼, 인생에도 언젠가 공백이 찾아온다. 하지만 그 공백은 절대 무의미하지 않다. 열정으로 가득했던 순간들을 돌아보게 하고, 우리가 남긴 흔적을 다시 바라보게 만든다. 그리고 한 해의 끝자락에서, 나는 비로소 다짐한다.

지나온 시간의 흔적을 품으며 다가올 시간을 준비하겠다고. 언젠가 인생의 종착역에 가까이 왔을 때 후회하지 않도록, 오늘이라는 시간을 더 진심으로 살아가겠다고. 그리고 내 삶도 자랑스러운 대명사가 따라붙을 수 있도록 열정을 다해 살아가겠다고.

상경하며 석양에 타오르는 낙조를 보았다. 아버지의 드라마를 연출하듯 열정으로 삶의 궤적을 그리며 지평선으로 서서히 사라진다. 삶은 허전함 속에서도 여전히 아름답다. 오늘도 인생의 종착역을 향하여 나는 나만의 길을 걷는다. 허전함을 희망으로 바꾸며, 내일을 향한 발걸음을 이어간다.

12월의 단상

　새해 첫날 솟아오르는 태양을 보며, 새로운 한 해를 계획하고 새해를 맞이하던 때가 엊그제 같은데. 벌써 한해의 끝자락 12월에 와 있다. 해마다 반복되는 일이지만 올해도 어김없이 또 찾아왔다. 여기저기서 송년회 한다고 해서, 마음은 들뜨고 바쁘다.

　나는 해마다 12월이 되면, 왠지 쓸쓸하다. 시작할 때 계획은 멋지게 세웠어도, 열심히 한다고 해도 지나고 보면 타다 남은 잔재가 쌓여 있다. 안타깝게도 못 이룬 갈증들이 아쉽기만 하다. 올해도 부족한 세월, 잡을 수도 막을 수도 없으니 내 몸만 초라해진다.

　매년 학연이나 지연으로 인한 여러 송년회 모임에도 참석해 보지만, 돌아서면 뭔가 허전하다. 언제부터인가 나이 한 살 더 먹는 것에 대한 불안감도 생겨났다. 40대까지만 해도 세월 가면, 나이 먹는다는 것임을 실감하지를 못했다.

그 시절에는 직장 일에만 몰두하여 직장에서 성취감에 빠진 나머지, 세월 가는 것도 모르고 살아온 것 같다. 그때는 뭔가 계획하면 이루어지기도 하였다. 열정이 넘쳐나던 그 시절엔, 지하철에 울리는 구세군의 딸랑 소리만 들어도, 크리스마스 분위기로 마음이 들뜨기도 하였다. 검은 고양이 네로 캐럴이 울리면, 마치 명절처럼 즐거웠다.

나이의 무게가 있는 지금은, 거리에 다닐 때 크리스마스 캐럴이 들려오면 연말이라는 것을 실감한다. 따라서 더 쓸쓸함이 감돈다. 한 해를 보내기가 아쉬워 몰려다니며, 송년모임 한다고 음식점에서 왁자지껄하는 모습들 이젠 별로 흥미롭지가 않다. 송년이라는 타이틀 없이 그저 조용히 보냈으면, 좋겠다는 생각도 해본다.

12월 달랑 한 장남은 달력 속에, 한 해 동안의 추억이 가득 들어있다. 그 많은 날을 보내며 무엇을 얻었고 무엇을 잃었을까. 보람 있는 일은 얼마나 쌓아 놓았나. 종이 한 장 속에 지나온 일들이 침묵하며 서서히 저물어가고, 마음속에 회한만이 자꾸 맴돈다.

끝은 시작의 연속이라 하지만, 마지막이라는 단어가 왠지 서글프기만 하다. 나 자신이 점점 의욕이 없어지는 것은, 삶에 대해서 만족스럽지 못해서라고 생각한다. 계획은 무성하게 세워 놓았지만, 이루고 싶은 욕망만 넘칠 뿐 이젠 나이 탓인지 실현하기가 쉽지 않다.

12월이면 누구나 자기가 슬픈 주인공이 된 것 같은 느낌이 든다고도 한다. 해가 바뀔 때마다 안타까움의 연속인 것은, 포만한 이기주의가 아닌가 하는 생각도 해 본다. 한해의 끝자락 12월 한 장남은 달력이 나를 기다리고 있다. 빛바랜 마른 낙엽처럼 무기력한 공허함을 떨쳐버리고, 옛날로 돌아가 보련다.

지금부터라도 발꿈치 높이 들어 분주하게 뛰어서, 또 한 장의 달력을 꼭꼭 채워야겠다.

제2부 바다의 숨결, 밀물과 썰물

어쩌면 삶이란, 밀물과 썰물이 엮어 만든 한 편의 긴 시(詩)인지 모른다.
물러남 속에 숨은 기다림, 채움 속에 스미는 고요.
그 흐름을 거스르지 않고, 파도의 호흡에 맞춰 나갈 때 비로소 마음은 한결 넓어진다.

눈꽃 핀 신륵사

오늘은 문우들과 1박 2일로 여주에 작은 문학기행 가는 날이다. 오랫동안 끈끈하게 이어진 문우들이기에, 나는 은근히 이날이 기다려졌다. 좀 더 나은 시를 쓰고, 여생을 시와 함께할 그들과 깊은 정을 나누고 싶어서다. 서로 마음이 맞는 문우들끼리 함께하는 여행이라서 더욱 설렜다.

여주는 서울과 인접해 있는 작은 도시라서 쉽게 갈 수 있는 곳이다. 가까운 곳이라 해도 그곳에는 볼거리가 많다. 신륵사, 세종대왕릉, 강천섬 유원지, 당남리섬 등 수려한 경관을 자랑하는 할 만한 곳이 즐비하다. 그래서 그런지 문학기행 코스로도 인기가 있다.

문우들이 승용차 두 대로 나누어 타고 신륵사로 향했다. 겨울의 끝자락인 2월 말, 산과 들에는 눈이 소복이 쌓였다. 우리를 반겨주는 천사의 선물 같았다. 나무마다 눈꽃이 피어 벚나무가 흐드러진 듯 아름다웠다. 눈은 우리들의 동심을 자극했다.

아무도 발자국을 남기지 않은 눈 위에 털썩 앉기도 하고 눕기도 했다. 우리는 시간을 멈추고 과거와 미래에서 벗어나, 눈 위의 요정이 되어 천진난만하게 즐겼다.

신륵사는 신라 진평왕 때 원효대사가 창건했다. 나옹선사와 같은 고승들이 머물렀던 곳이라고 한다. 고려시대의 목은과 문인들도 이곳에 머물며 남한강의 절경을 시로 읊조리며 칭송했다고 한다.

나지막한 봉미산 남쪽 기슭에 자리 잡고 있으며 물줄기를 따라 황포돛배 유람선이 오고 가는 것을 볼 수 있다.

지난해 봄과 가을에도 이곳에 문학기행을 다녀온 적이 있다. 봄에는 연초록으로 물든 수채화를 감상하는 듯 신선했고, 가을에는 단풍빛으로 채색된 모네의 유화를 보는 듯 황홀했다. 지금 겨울에 피어 있는 눈꽃이 수묵화처럼 우리들의 마음을 담백하게 감싼다.

나옹선사가 심었다는 600여 년 된 은행나무는 신륵사를 지키는 파수꾼처럼 버티고 있다. 이파리의 빈자리를 눈꽃으로 채우고 늠름한 고목으로 변신했다. 방문객의 소원이 적혀있는 수많은 쪽지가 은행나무에, 울타리 치듯 붙어 바람에 나부끼고 있다. 바람이 모든 이의 소원을 법당에 나르고 있다.

굴곡 없는 인생이 어디 있겠는가?

산을 넘고 나면 그 뒤엔 평원이 나타날 것이다. 우리들은 함께 걸으며 사진도 찍고, 가져온 간식도 나누어 먹었다. 바람결에 눈꽃이 흩날리는 모습이 벚꽃이 지는 것 같았다. 오후가 되자 눈꽃이 녹아 꽃비로 변했다. 변하여 줄기를 타고 흘러내렸다. 눈꽃의 짧은 생은 눈물이 되어 사라지고 있다. 우리의 삶도 눈꽃과 다를 바 없다는 생각이 들어 잠시 서글퍼졌다.

콘도에 도착하여 남한강이 내려다보이는 방을 배정받았다. 흐르는 강물을 바라보며 내 인생의 여백에 강물처럼 맑은 마음을 채워야겠다고 생각했다. 각자 준비해 온 반찬을 풀어놓고, 밥을 맛있게 지어 한 상 차렸다. 먹는 정이 이렇게 두터울 줄이야. 밤이 깊어지는 줄 모르고 자작시를 낭송도 하고 시 합평도 하면서 유익한 시간을 보냈다.

돌이켜보면 진한 커피 향처럼 구수한 시간이었다.

함께 보낸 따뜻하고 아름다웠던 순간들이 문우들의 글 속에서 꽃을 피우고 있으리라.

그 꽃들은 다시 누군가의 가슴에 잔잔한 감동으로 흩날려, 시간이 지나도 지지 않는 시의 향기로 남아있으리라.

바다의 숨결, 밀물과 썰물

바닷가 모래밭을 걷고 싶어 을왕리 해변으로 달려갔다.

차창 너머로 보이던 바다는 이미 숨을 고르고 있었다. 도착해 보니, 아쉽게도 썰물 때라서 바닷물은 멀리 물러나 있었다. 바닥을 드러낸 넓은 갯벌 위에는, 바다를 떠나지 못한 고깃배들이 마치 졸고 있는 짐승처럼 고개를 떨군 채 서 있다. 하늘은 잿빛 구름으로 덮여, 맑지도 않으면서 뜨거운 바람만 간헐적으로 드나들었다.

한참을 걷다 보니, 오랜 세월 파도에 씻기고 단련되어 매끄럽게 길든 기암괴석들이 알몸을 드러내고 있다. 그 표면에는 바닷물의 손길이 새긴 무늬가 촘촘했다. 갯벌의 작은 구멍 속으로는 작은 게들이 들락날락하고, 멀리서는 조개를 캐는 아낙네들이 허리를 구부린 채 갯벌 위에 점점이 찍혀 있다. 어떤 아낙네는 조개를 한가득 배낭에 메고 천천히 바다를 등졌다.

바다, 하면 늘 출렁이는 물결만 떠올렸는데, 물 빠진 갯벌의 풍경도 나름의 고요와 생동을 품고 있다.

간간이 스치는 바닷바람에 묻어온 바다 향기가 코끝에 살짝 흔들리니, 순간 바다의 숨결 속에 취한 듯하다. 나는 그 자리에서 한동안 바다와 함께 숨을 고르는 신선이 된 기분이었다. 날개가 있다면, 저 푸른 수평선을 따라 멀리멀리 날아가고 싶었다.

저 멀리서 밀물이 꿈틀대기 시작했다. 물결은 곡선을 그리며 점점 가까워졌다. 철썩거리며 다가서는 물살은 갯벌을 덮어버리고, 기암괴석의 발목까지 물을 채웠다. 어느새 해변은 넘칠 듯 출렁이는 푸른 물로 가득 찼고, 갈매기들이 날개를 퍼덕이며 몰려들었다.

한동안 메말라 있던 내 마음도 서서히 촉촉해진다. 끝없이 펼쳐진 수평선을 바라보니, 가슴속 깊은 곳이 물처럼 차오르며 숨이 부드러워졌다. 갯벌에 서 있던 고깃배들도 이내 망망대해로 나가, 그물에 햇빛을 건져 올릴 것이다. 어부는 만선의 콧노래를 부르리라. 하지만 조개는 썰물 때에만 캘 수 있다. 조개를 캐던 아낙네는 다음 썰물을 기다렸다가, 또다시 바다와의 대화를 시작할 것이다.

어부와 아낙네의 하루는 밀물과 썰물에 따라 달라진다. 나 또한 인생의 어느 시절엔 콧노래를 부르며 걸었고, 또 어느 시절엔 지친 몸과 마음을 이끌고 기도원에 가서 눈물로 매달리던 날들이 있었다.

돌이켜보면, 그것이 바로 바다의 숨결과 같은 삶의 순환 아니었을까?

밀물 때만 있는 바다가 없듯이, 인생에도 썰물의 때가 있다. 사람은 누구나 완벽한 행복을 꿈꾸지만, 삶은 늘 희망과 절망이 서로를 밀어내고 끌어당기는 파도 속에 있다. 파도가 물러나면 바닥이 드러나듯, 절망 속에서 비로소 숨은 빛을 발견하기도 한다. 그리고 다시 밀물이 차오르면 그 빛은 바다 깊이로 스며들어 더 큰 물결을 만든다.

어쩌면 삶이란, 밀물과 썰물이 엮어 만든 한 편의 긴 시(詩)인지 모른다. 물러남 속에 숨은 기다림, 채움 속에 스미는 고요. 그 흐름을 거스르지 않고, 파도의 호흡에 맞춰 나갈 때 비로소 마음은 한결 넓어지고, 가슴 깊은 곳엔 고요한 바다가 자리한다.

을왕리 해변에서 나는 느꼈다. 인생의 썰물도 밀물도 결국은 한 바다의 숨결이라는 것을. 그리고 그 숨결은 언젠가 더 먼 수평선 너머로 이끌리라는 것을.

봄비 내리는 날의 회상

　탄천에 봄비가 내린다. 겨우내 말라버린 땅에 말없이 스며들며 마른 가지마다 생기를 두드린다. 겨울 가뭄에 텅 비어 있던 땅이 숨을 쉬기 시작한다. 봄비는 늘 그렇게 계절을 바꾸는 신호탄처럼 다가온다.

　며칠째 이어진 봄비 소식에 마음이 들썩인다. 올해는 경칩이 지나서도 꽃샘추위가 기승을 부렸고, 봄은 한참을 망설이다가 이제야 문을 여는 듯하다. 우산을 펼쳐 탄천을 걷는다. 우산 위로 떨어지는 빗방울의 고조 장단, 실내악 음악회에 와 있는 듯 정겹고 아늑하다. 메조포르테로 속삭이듯 내리는 빗소리는 마음을 씻어내는 경쾌한 설렘이다.

　어릴 적 기억이 떠오른다. 봄비 오는 날이면 친구들과 골목을 뛰어다녔다. 비를 맞는 것도 모자라 일부러 물웅덩이를 밟고 다녔다. 감기에 걸려도 그 자유가 더 짜릿했다.

겨우내 방 안에 갇혀 있던 몸과 마음이 풀어지던 순간 그 시절 봄은 언제나 놀이터였고 봄비는 놀이의 시작이었다.

산책길 옆, 눈 아래 웅크리고 있던 풀잎들이 빗물에 씻겨 아기 얼굴처럼 맑아졌다. 봄은 겨울 속에서 이미 잉태되고 있었던 모양이다. 푸석하던 잎들과 바랜 가지들이 봄비를 맞으며 다시 살아난다. 물기는 소리 없이 흙으로 스며들고 곧 연둣빛 새순이 터질 듯하다.

시골의 봄은 더없이 특별하다. 부지깽이에도 싹이 난다는 말처럼, 봄비는 마른 대지에 생명의 불씨를 뿌린다. 헛간 처마에 매달려 겨울을 보낸 씨앗들을 바라보며, 농부의 마음은 어느덧 초록으로 부풀어 오른다. 봄비는 땅의 잠을 깨우고 씨앗의 심장을 뛰게 한다. 그래서 봄비는 생명의 시작이다.

어릴 적 우리 동네 봄도 그러했다. 마당 끝 작은 밭에 상추씨, 쑥갓씨를 뿌리고, 처마 밑에서 바람 쐬던 옥수수씨도 땅속에 묻었다. 며칠 지나면 뾰족이 솟아오르는 새싹들, 마치 아기들이 고개를 내미는 듯 귀엽고 사랑스러웠다. 농번기가 시작되면 동네 사람들은 서로 품을 나눴다. 논에 물을 대고, 모를 심고, 점심땐 된장국에 막걸리 한 잔 곁들인 잔칫상이 펼쳐졌다. 그날만큼은 모두 한 식구였다.

지금은 아파트와 빌딩이 논밭을 대신하고, 시골 풍경도 많이 바뀌었다. 그래도 봄비가 내리는 날이면 잊고 있던 그 시절의 풍경이 마음속에 다시 펼쳐진다. 봄비는 그렇게 추억까지 깨워주는 비다.

탄천을 따라 걷는 내내, 빗소리는 끊이지 않고 이어진다. 어느덧 나뭇가지마다 통통하게 물오른 꽃눈들이 고개를 들고 있다.

자연은 봄을 맞기까지 얼마나 긴 고요와 고통을 견뎠을까? 유난히 길었던 이번 겨울, 양재천의 나무들과 풀들도 오랫동안 시련을 견뎠다. 봄비가 더 흥건히 내려 그들의 마른 숨결까지 적셔 주기를 바란다. 빗소리는 여전히 우산 위에서 경쾌하게 연주되고 있다.

세상을 깨우려는 듯, 봄을 불러오는 생명의 연주처럼.

봄, 미나리 그리고 나

가끔 양재천을 걷는다. 도시 한복판에 흐르는 이 소하천은 서울에서 가장 먼저 정비된 소하천이다. 정화된 물이 사계절 맑게 흐르고 길 양옆으론 나무와 화초가 질서 있게 어우러져 있다. 자전거 도로도 따로 나 있어, 풍경과 물길이 나란히 흐른다.

어느 날 TV에서 만난 양재천은 낯설 만큼 아름다웠다.

카메라는 풍경에 취한 듯 천천히 움직였고, 사계절이 뒤섞인 화면은 꿈속 정원을 보는 듯했다. 그때부터였다. 이 길을 걸을 때마다 나도 모르게 영상 속 풍경을 겹쳐 본다. 피로는 사라지고 마음은 은근히 느슨해진다. 야생화 하나에도 발걸음을 멈추고, 핸드폰으로 이름을 찾아보는 일이 소소한 즐거움이 된다.

봄은 연둣빛으로 스며든다. 수양버들 가지가 바람에 젖어 들고 흐드러진 봄꽃들이 길을 가득 채운다. 꽃향기가 마스크 넘어 까지 스며들고, 공기는 맑아 가슴안까지 씻긴다.

봄은 몸보다 마음이 먼저 풀린다. 천변 둔덕에는 쑥이 돋고 냉이가 자란다. 봄비가 한번 지나간 자리는 키 큰 야생초들로 들썩인다. 어릴 적 친구들과 소쿠리를 들고 다니던 들판이 생각난다. 산과 들을 뛰놀며 캤던 나물, 그것이 봄을 기다리는 이유였을지도 모른다. 봄비 내리던 날, 내 마음엔 언제나 푸른 것이 한 뼘쯤 자라고 있었다.

그날도 그랬다. 친구와 걷다 발견한 미나리. 언덕 사이 들풀 속에 고요히 숨어 있던 돌미나리는 기억의 창고를 열었다. 동네 우물가의 미나리꽝, 수북이 자라던 물가의 풍경, 그리고 거머리를 떼어내던 어머니의 손길. 미나리는 단지 나물이 아니었다. 몸의 독소를 빼주고 삶의 흐름을 정화 시켜주는 듯한 어머니의 지혜였다.

지나치기엔 너무 정겨웠다. 우리는 봄노래 흥얼거리며 조심스레 미나리를 캤고, 반찬이 될 만큼의 양을 얻었다. 그날 저녁 미나리무침을 만들었다. 어머니 손맛엔 미치지 못했지만, 그런대로 먹을 만했다. 남편에게 고향의 미나리꽝 이야기를 하면서 맛있게 먹었다.

하지만 미나리는 순수하기만 한 것이 아니었다. 몇 시간 후 몸이 이상했다. 어지러움, 구토, 그리고 설명하기 어려운 괴로움, 한밤중 병원 응급실로 달려가며 문득 떠오른 것은 자연을 너무 순진하게 믿었던 나 자신이었다. 다음날, 친구에게서 전화가 왔다. 그녀의 남편도 같은 증상을 겪었단다. 원인은 농약 약물 중독이었다.

알고 보니 초여름, 구청에서 초목 보호용 농약을 살포한다고 했다. 비가 많이 내려 괜찮을 거라 여겼지만 자연은 가끔 기억보다 느리게 반응한다. 그 뒤로 양재천에서 나물을 캐는 사람을 보면 조심하라고 말해준다.

"반드시 여러 번 씻으세요. 아니면 그냥 바라만 보세요."

이젠 모든 채소가 사계절 마트에 있다. 미나리도 예외는 아니다. 하지만 나는 더 이상 미나리를 손에 쥐지 않는다. 그냥 바라본다. 바라보며 기억하고 절제한다.

양재천의 사계절은 카멜레온처럼 다채롭고 변덕스럽다. 날마다 색이 다르고 감정이 달라진다. 걷는 길마다 자연에 취하고 옛 추억에 빠진다. 오늘도 어머니 품속 같은 봄의 대지를 밟으며 풀 내음과 흙 내음에 흠뻑 젖는다. 발걸음을 멈춘다. 봄이 시작된 땅 위에 선 지금.

내 삶의 계절은 어디쯤 와 있을까?

연둣빛이 깊어지는 지금 나는 얼마나 익어가고 있을까?

바람에 젖은 습지의 시간

더위가 한풀 꺾인 날, 오랜만에 전철을 타고 소래포구로 향했다. 소래 생태습지는 가을이면 갈대밭이 장관이라 하여 그 풍경을 마음에 담고 싶었다.

습지에 들어서자, 눈앞에 펼쳐진 것은 끝없이 밀려오는 갈대의 바다였다. 바람이 불면 갈대들은 서로 몸을 부대끼며 은빛 물결을 일으켰다. 그소리는 바다의 파도 같기도, 오래된 누군가의 속삭임 같기도 했다.

길을 따라 천천히 걸으면 발걸음마저 바람에 실려 가볍게 떠오르는 듯했고, 때때로 백로가 하늘을 가르며 날아올랐다. 해 질 무렵이면 하늘빛은 붉은 노을로 물들어 습지 위에 내려앉았다. 그 순간 세상은 황금빛의 고요한 그림이 되었고, 나는 그 속에서 시간조차 잊은 듯 서 있었다.

이곳은 원래 염전이었다. 소금을 고이던 노동의 자리가 1996년 문을 닫은 뒤, 자연은 스스로 회복을 시작했다. 지금은 갈대와 칠면초 같은 염생식물이 터를 잡았고, 철새들도 쉼터로 돌아왔다. 봄과 가을이면 멀리 시베리아에서 날아온 저어새가 날개를 펴고, 왜가리와 도요새 무리도 갯벌 위를 자유롭게 거닌다. 인간이 떠난 자리에 날개 달린 생명들이 돌아와 제 집을 찾은 것이다.

흔히 여자의 마음을 갈대에 비유한다. 그러나 굳이 그렇다고만은 할 수 없다. 사람의 마음은 여자든 남자든 바람에 흔들릴 수밖에 없다. 하지만 뿌리 깊은 갈대가 쉽게 뽑히지 않듯, 우리 마음 또한 쉽게 꺾이지 않는다. 오히려 지금의 여성들은 바람에도 꼿꼿하게 서 있는 갈대처럼 강하고 단단하다. 그래서 옛 비유는 오늘날에는 조금 낡게 느껴졌다.

갈대밭 사이에는 풍차 세 개가 서서 쉼 없이 날개를 돌리고 있다. 바닷가라 바람이 많은 탓인지 풍차는 줄기차게 돌아가며 활력을 뿜어냈다. 동화 속 장면처럼 아기자기하면서도 활달한 풍경이다. 그 순간 오래전 스페인 콘수에그라에서 만났던 풍차들이 떠올랐다.

붉은 평원 위에 서 있던 열두 개의 풍차,
그 곁을 지나던 바람의 기억,
소래의 풍차는 그 추억을 불러내 나를 먼 여행길로 데려갔다.

갯벌에는 붉게 물든 칠면초가 군락을 이루고 있었다. 처음엔 푸른빛으로 피어나다가 가을이 깊어지면 붉게 변한다고 한다. 가까이서 보니 마치 수많은 작은 불씨가 모여 타오르는 듯했다. 잡초라 불릴지라도 함께 모여 빛을 낼 때 비로소 꽃밭처럼 보였다. 사람의 삶도 이와 다르지 않을 것이다. 홀로일 때는 연약해 보여도, 함께일 때는 빛나는 강물이 되듯 말이다.

그날의 소래습지는 자연이 건네는 한 장의 시였다. 갈대와 바람, 새와 하늘, 그리고 그 안에 잠시 멈춰 서 있는 나까지. 모든 것이 하나로 이어진 풍경 속에서, 나는 도시의 소란과 마음의 무게를 내려놓았다. 습지는 내게 속삭이는 듯했다.

여기서 잠시 머물러도 좋다, 바람처럼 자유로워져도 좋다.

걷다 보니 허기가 밀려왔다. 가을은 전어의 계절, 집 나간 며느리도 돌아오게 한다는 전어구이를 맛보지 않을 수 없었다. 소래포구 어시장은 바다의 비릿한 향과 사람들의 활기가 뒤섞여, 또 하나의 가을 풍경이 되고 있었다. 돌아오는 길, 갈대밭 위로 붉게 저무는 해가 비쳤다. 바람, 풍차, 갈대, 칠면초, 그리고 전어까지. 이 하루는 소리가 내게 건넨 가을의 선물이었고, 나는 그 선물 속에서 잃어버린 낭만을 되찾았다.

나는 발걸음을 멈추고 뒤돌아보았다.

해는 이미 갯벌 너머로 반쯤 몸을 숨기고 있었고, 그 위로 새들이 검은 실루엣으로 흩어졌다. 바람은 여전히 갈대의 머리칼을 쓰다듬으며 지나갔고, 바람 속에는 사람의 숨결이 묻어 있는 듯했다.

어쩌면 이곳 바람은 오래전 염부들의 땀 냄새와 웃음소리를 기억하는지도 모른다. 소금처럼 흰 기억이 습지의 흙 속에 스며들어, 지금의 생명들을 키우고 있는 것은 아닐까.

길가 벤치에 앉아 물빛을 바라보았다. 물은 말이 없었다. 하지만 그 침묵 속엔 무수한 이야기가 흔들리고 있었다. 잊힌 것들이 다시 피어나는 자리, 소멸과 회생이 맞닿은 그 경계에서 나는 '시간'이라는 단어를 떠올렸다. 바람에 젖은 습지의 시간은 인간의 시간과 달랐다.

이곳 시간은 직선이 아니라, 조개껍질 안에서 천천히 자라나는 나선 같았다. 한 바퀴 돌 때마다 조금씩 더 깊어지고, 조금 더 단단해지는.

어둠이 내려앉자, 풍차 날개는 느리게 멈추었고, 멀리서 개구리울음이 들려왔다. 사람들의 발소리가 줄어든 뒤에도 바람은 멈추지 않았다. 그것은 마치 '살아 있음'이란 것이 소리 없이 이어지는 호흡임을 말해주는 듯했다. 도시로 돌아가면 다시 소음과 불빛 속에 묻히겠지만, 오늘의 바람은 내 안에 오래 남을 것이다.

소래 저녁은 그렇게 나를 가만히 품어주었다. 붉게 스민 하늘 아래, 바람과 갈대는 서로의 그림자를 어루만지며 마지막 춤을 추고 있었다. 그 순간, 나는 깨달았다. 자연이란 거대한 시의 한 행간에서 인간은 잠시 머물다 가는 작은 쉼표에 불과하다는 것을. 그러나 그 쉼표 하나가 있어 문장은 숨을 쉬듯, 우리 또한 잠시 멈춤으로써 삶의 리듬을 되찾는다.

집으로 돌아가는 전철 창가에 비친 내 얼굴은 낯설 만큼 고요했다.

오늘 하루의 빛과 바람이 내 안을 스쳐 지나가며, 마음 한켠이 부드럽게 젖어 있었다. 세상은 여전히 바쁘게 움직이고 있었지만, 나는 조금 늦은 속도로 살아도 괜찮을 것 같았다.

바람이 그랬듯,

갈대가 그랬듯,

흔들려도 다시 서는 힘이

우리 안에 있다는 것을 소래의 습지가 가르쳐주었으니까.

자연이 속삭이는 청천호를 걷다

겨우내 익숙한 길, 양재천 산책로를 따라 걸었다. 매서운 바람이 뺨을 스칠 때면, 내 안의 침묵도 더 깊어졌다. 그러나 입춘이 지났다. 봄은 들리지 않는 발걸음으로 슬며시 다가와, 바람의 결에서 따뜻한 숨결을 흘려보냈다. 문득, 낯선 길을 걷고 싶어졌다.

아직 봄이 다 닿지 않은, 조금 먼 어디쯤으로.

보령의 청천호, 이름부터 맑고 투명하다. 그곳에 아름다운 둘레길이 있다는 이야기를 들은 적이 있었다. 마침, 모임에서 그곳으로 향한다는 소식. 나는 망설이지 않았다. 마음이 먼저 출발한 여행이었다.

관광버스는 겨울의 잔향이 남은 도로를 달려, 가느실마을에 닿았다. 실처럼 가느다란 지형이라 붙은 이름. 재미난 말의 유래조차 풍경처럼 마음에 남는다. 마을에 내리자 바람이 등을 툭 치며 인사를 건넨다. 가벼운 체조를 마친 우리 일행은 호숫가 숲길로 들어섰다.

첫 시선에 가슴이 멈췄다. 거대한 호수가 잔잔한 숨을 고르며 누워 있었고, 산은 그 호수를 조용히 감쌌다. 물과 산이 함께 있는 풍경은 늘 마음을 내려놓게 한다. 오르막도 있었지만, 길은 다정했다. 낯설지만, 거부감 없는 온기다.

걷다 보니 길은 어느새 대나무 숲으로 이어졌다. 빼곡한 줄기들 사이로 바람이 흐르고, 그 소리는 마치 오래된 기억을 흔드는 듯했다. 대나무 잎들이 수북이 쌓인 바닥을 걸을 때마다 '사그락' 봄의 발소리가 들렸다. 길 위엔 벤치가 드문드문 있었고, 나는 그중 하나에 앉아 숲의 숨결을 들이마셨다. 피톤치드와 햇살, 그리고 나무의 향기가 몸속 깊은 곳까지 흘러들었다.

호수 안엔 메타세쿼이아가 자라고 있었다. 원래 육지였던 곳이 물로 잠기면서도, 나무는 그 안에서 묵묵히 살아냈다. 마치 물과 뿌리가 타협한 듯, 물속에서도 고고하게 자라난 나무들. 그 그림자가 물에 비쳐, 호수 안에 또 하나의 숲이 펼쳐졌다.

산과 물, 나무와 빛, 모든 것이 조금씩 풀빛으로 번져가고 있었다. 흙속 작은 생명들이 고요히 꿈틀거리고, 땅속 어둠을 밀치며 연둣빛이 솟는다. 그 생명의 흐름은 마치 물감이 번져가는 수채화 같았다. 연분홍 진달래가 피면 이 숲은 또 다른 멜로디를 품을 것이다.

청천호 물은 조용히 넘실거렸다. 풍년을 예고하는 물결. 마음도 덩달아 물 위를 떠다녔다. 풍선처럼 부풀어 오른 마음은 잠시나마 무게를 잊었다. 숲과 호수, 하늘 사이 어딘가에서 나는 내가 아닌 나를 만났다. 신선한 공기에 취해, 돗자리라도 깔고 눈을 감고 싶었다.

호숫가 한쪽은 낚시꾼들이 차지했다. 그들을 보는 순간, 어린 시절이 불쑥 떠올랐다.

주말이면 아버지를 따라나섰던 낚시터. 아버지는 떡밥을 준비하고, 지렁이를 잡던 손길이 무척 진지했다. 나는 조개를 주우며 낚싯대를 지켰고, 물고기를 기다리다 지루하면 산에 올라 버찌를 따 먹거나 진달래꽃을 땄다. 그 시절 밤하늘엔 별이 쏟아질 듯했는데, 나는 그 아래서 영혼의 소리를 들었다.

그때 추억이 청천호 물결 위로 조용히 떠올랐다. 낚싯줄 끝을 바라보던 침묵, 아버지의 뒷모습, 별빛 아래의 어린 나. 모든 장면이 다정하게 떠다녔다.

청천호는 말이 없었다.
그저 고요하게, 깊은 여백으로 나를 비추었다.
어떤 욕심도 닿을 수 없는 물의 침묵.
자연은 언제나 인연 따라 흐른다.
나도 그렇게 한순간 자연의 일부가 되었다.

가을에 떨어진 낙엽이 뿌리던 침묵 위로 봄이 도착했다. 나는 그 위를 걸었고, 그 속에 낭만을 담았다. 평화란 어쩌면 마음의 틈에 스며드는 자연의 속삭임일지도 모른다.

그날, 청천호는 내 안의 겨울을 조용히 밀어냈다. 나는, 봄의 결을 따라 한 걸음 더 나아갔다.

오월, 장미에 물들다

오월은 참으로 아름다운 달이다.

가정의 달이자 계절의 여왕이라 불리며, 신록이 짙어지는 생명의 계절이기도 하다. 바람은 부드럽고 햇살은 따뜻하며, 어디를 둘러봐도 꽃들이 앞다투어 피어나 세상을 환하게 밝혀준다. 그

중에서도 장미는 오월을 대표하는 꽃이다. 목련이나 벚꽃처럼 순식간에 피고 지는 것이 아니라, 오월 한 달 내내 싱그러움을 간직한 채 피어 있어 '오월의 여왕'이라 불릴 만하다.

예로부터 장미는 수많은 사람의 마음을 사로잡아 왔다. 영국의 엘리자베스 1세 여왕은 장미를 그토록 사랑하여 스스로 '가시 없는 장미'라 불리기를 원했다. 그래서 많은 예술가가 장미 닮은 시와 노래를 지어 여왕께 바쳤다고 한다. 장미는 그만큼 이야기가 많은 꽃이다. 눈으로 보는 아름다움만큼이나, 마음에 남는 전설과 추억도 풍성하다.

올해도 어김없이 친구들과 함께 장미를 만나러 나섰다. 지하철을 타고 도착한 곳은 장미 향이 짙게 배어 있는 중랑천 인근이다. 태릉입구역에서 내리자 축제의 열기와 함께 수많은 인파가 발길을 재촉하고 있었다. 5km에 이르는 긴 꽃길은 태릉입구역에서 중랑천까지 이어지며 서울을 대표하는 장미축제로 자리매김하고 있다.

한 걸음 한 걸음 걷다 보면 장미 터널이 중간중간 반겨주고 하트 모양의 장식 아래선 누구나 사진을 찍고 싶은 충동을 느낀다. 꽃의 색도 모양도 너무나 다양해 이 세상 모든 색을 장미가 품고 있는 듯했다. 특히 중랑천 장미는 한 폭의 그림처럼 때로는 꿈속 정원처럼 우리를 매혹시켰다.

수많은 장미꽃이 이렇게 흐드러지기까지 얼마나 많은 밤에 속을 앓았을까.

비바람에 잎을 찢기며, 가시에 피를 묻혀가며 자신을 지킨 긴 시간. 그렇게 한 송이 또 한 송이 화려한 꽃을 피우기까지 햇살도, 바람도, 보이지 않는 수고와 인내를 다 해 왔을 것이다.

장대한 장미정원을 가꾸기 위해 공들인 시간과 정성은 또 얼마나 컸을까.

그 덕분에 우리는 감사한 마음으로 꽃길을 걷고 있는 셈이다. 여기저기 돗자리를 펴고 음식을 나누어 먹는 사람들도 있다. 그 풍경은 마치 학창 시절 소풍을 떠났던 기억을 되살려 주었다. 가방에 넣어간 도시락, 친구들과의 웃음소리, 그 시절의 하늘까지도 다시 떠오르는 듯했다. 하지만 그날은 오월답지 않게 한여름 같은 땡볕이 이어져 그늘 아래 자리 하나 찾는 일도 쉽지 않았다.

축제 기간답게 무대 공연도 이어졌다. 무대 앞에서는 음악에 맞춰 춤을 추는 사람들로 활기가 넘쳤고, 꽃길 아래쪽엔 길거리 노래방이 열려 있었다. 몇몇 사람들이 흥겹게 노래하고 춤추며 분위기를 돋우는 모습에 미소가 절로 지어졌다. 그렇게 떠들썩한 풍경을 바라보다 보니 문득 어린 시절 어머니 손을 잡고 다녔던 오일장이 떠올랐다. 좌판이 줄지어 늘어서고 약장수의 구수한 입담에 사람들이 몰려들던 그 장날의 풍경들, 그때는 시장이 축제였고 그 소란함이 설렘이었다.

장미는 끝없이 피어나고 있었다. 어떤 장미는 접시꽃처럼 큼직했고, 또 어떤 장미는 물감으로도 그릴 수 없을 만큼 신비로운 색을 품고 있었다. 파란 장미는 동화 속 한 장면처럼 낯설고도 매혹적이었다.

국내 최대 장미터널이라 불릴 만한 그곳은 정말 장미의 왕국처럼 느껴졌다. 현실이라기보다는 잠시 환상 속을 여행한 기분이었다.

우리는 꽃길에 리듬을 실어 한참을 걸었지만 아쉽게도 절반쯤에서 발길을 돌려야 했다. 예전 같았으면 숨차게 뛰어 마지막까지 닿았을 테지만, 그 시절은 이제 아득한 뒤편에 물러나 있다. 근처 커피숍에서 시원한 음료 한 잔을 나누며 친구들과 정겨운 이야기를 이어갔다.

그날 장미에 물든 하루를 지내며 이런 생각이 들었다.

즐거움은 누가 만들어주는 것이 아니라 내가 만들어가는 것이라는 것을.

길거리에서 흥겹게 노래하던 사람들처럼,

무대 앞에서 자유롭게 춤을 추던 사람들처럼,

나도 내가 가진 지금의 시간 안에서 내 기쁨을 만들어가야겠다고 생각했다.

아직 다리가 튼튼할 때, 가슴이 두근거릴 때, 이렇게 자주 나들이도 하고 하나 하나 추억을 쌓아야겠다고.

그날의 장미는 단순한 꽃이 아니었다.

수많은 여인의 사랑이 모인 빛깔이었고, 지나간 시절의 추억이었다. 이 순간을 충만하게 해 주는 삶의 향기였다. 장미꽃처럼 청초한 아름다움을 마음 가득 담으며, 나는 오늘도 또 다른 세상을 선물처럼 마주한 듯한 뿌듯함을 안고 돌아온다.

출렁다리 인생길

충남 청양으로 봄 문학기행을 떠나는 날이다. 밤새 올 듯 말 듯 한 봄
비가 걱정되었는데, 아침이 되자 다행히 비 올 조짐이 멈췄다. 하늘에는
구름이 많이 끼었고 쌀쌀했다. 달리는 버스 안에서 주변 풍경을 감상했
다. 창밖에는 화사하게 핀 목련, 철쭉, 영산홍 같은 봄꽃들이 가슴을 설레
게 했다.

청양에서 가 볼 만한 곳이 어디일까?
핸드폰으로 검색을 해보았다. 칠갑산이 제일 먼저 떴다. 그 근처에 천
장호가 있었다. "콩밭 매는 아낙네야 베적삼이 흠뻑 젖는다"로 시작하는
칠갑산 노래가 떠올랐다. 행담도 휴게소에서 잠시 쉰 다음에 우리 일행은
드디어 천장호에 도착했다.

호수가 하늘에 닿아 있을 정도로, 높은 곳에 있다고 하여 그렇게 이름을 붙였다고 한다. 티 없이 맑은, 파란 호수를 바라보니 가슴이 뻥 뚫렸다. 호숫물이 맑고 깨끗한 청정지역이라는 느낌이 들었다.

천장호에는 출렁다리가 있다. 입구에는 콩밭 매는 아낙네의 동상이 세워져 있다. 노래 가사처럼 설움 가득한 표정을 보니 애처롭게 보였다. 우리 할머니나 어머니와 같은 시대를 걸어온 보릿고개 시절의 여인이 연상되었다. 호수를 내려다보고 있으려니, 주병선이 불렀던 그 노래가 구슬프게 내 귀에 들려오는 듯했다.

출렁다리 위에 올라섰다. 이름 그대로 다리가 출렁거려 줄을 꼭 잡고 건넜다. 스릴이 있어 재미있었다. 출렁다리 입구에는 세계에서 가장 큰 빨간 고추를 세워놓았다. 그 고추 하나면 서울 사람 모두 먹고도 남을 것 같았다.

천장호는 초록의 봄 향기로 그득했다. 건너편 숲 사이로 봄꽃들이 얼굴을 내밀고 있었다. 원앙새 한 쌍은 사랑가라도 부르는 듯 연꽃처럼 호수 위를 떠다녔다. 손으로 잡아당기면 다가올 듯 눈앞에 펼쳐진 병풍 같은 칠갑산, 진록색 녹음을 바라보기만 해도 상쾌한 기분이 들었다. 물속에서 고기들이 평화롭게 노닐고 있는 모습이 그려졌다.

우리 삶도 출렁다리를 건너는 것과 다를 바 없지 않을까.

다리 건너편에 보이는 아름다운 환상을 잡으려고, 위험을 무릅쓰고 힘겹게 걸어간다. 하지만 가까이 다가가면 신기루처럼 사라진다.

어릴 때 살던 고향 동네에도 천장호같이 산과 어우러진 저수지가 있었다. 그곳에서 동네 언니와 오빠들을 따라다니며 다슬기를 잡고 가재도 잡았다. 아버지가 타지역으로 전근을 가는 바람에 나는 그곳을 떠나야 했다. 항상 그곳이 그리웠고, 그것이 향수병이라는 것을 나중에야 알았다. 그런 추억 때문인지 호숫가에 가면 마음이 설렌다. 아늑한 기분이 들어 오랜 시간 머물고 싶다.

칠갑산 쪽에서 불어오는 시원한 바람을 맘껏 들이키고 나니 영혼까지 맑아지는 듯하다. 때때로 삶이 초라하고 쓸쓸하다는 느낌이다.

인생길에 어디 돌다리처럼 평탄한 길만 있겠나, 출렁다리처럼 흔들리는 길도 있는 것이지, 천장호 출렁다리 위를 걸으며 새삼 깨닫는다.

천태만상 지하철 상념

세계적으로 유명한 도시, 파리와 로마의 지하철은 어떤가 하며 잔뜩 기대하고 파리와 로마에서 지하철을 탄 적이 있다.

기대가 크면 실망도 크다고 누가 말했던가?

지하철역 구내가 지저분하고 냄새가 나서 역겨웠다. 지하철을 만든 지 오래되기도 했지만, 관리가 제대로 안 돼서 그런 것 같다. 선진국 지하철이라고 도저히 믿기지 않았다.

서울에서 지하철을 타본 외국인들은 서울 곳곳을 편리하게 다닐 수 있고, 화장실이 깨끗하고 외국과 달리 돈을 받지 않아서 좋다고 이야기한다. 이런 말이 들릴 때면, 서울 지하철이 세계 최고라는 사실을 실감한다.

나는 평소 외출할 때 주로 지하철을 이용한다. 차 밀릴 염려가 없으니, 약속 시간을 맞출 수 있다. 역 구내에는 상가가 많아 쇼핑하는 재미도 쏠쏠하다.

특히 지하철 플랫폼에 들어서면 안전유리 벽에 시가 붙어있다. 정감이 가고 공감이 되는 시가 많다. 열차를 기다리는 시간에 읽고 있노라면 나는 소녀가 된 듯 감성이 충만해진다.

어느 주말 오후에 친구와 약속이 있어 지하철을 탔다. 주말인데도 승객이 많았다. 사람들은 핸드폰에 집중하고 있어 조용했다. 그때 칠십 대 후반으로 보이는 남자들 여섯 명이 열차를 탔다. 손에는 스틱을 들고 있었다. 산행을 마치고, 지하철을 탄 것 같았다. 그들은 빈자리를 찾으려고 이리저리 기웃거렸다. 일행 중 한 사람이 앉고 있던 옆자리 승객이 내렸다. 그는 다른 일행의 이름을 불렀다. 그런데 빈자리 앞에 서 있던 사람이 먼저 앉았다. 그가 소리쳤다.

"이봐요. 노인이 먼저 앉아야지."

젊은 승객은 아무 대꾸도 없이 눈을 감고 있었다. 굳이 노인 대우를 받으려는 모습이 왠지 아름답지 않다는 생각이 들었다.

산행할 정도면 건강할 텐데, 노인이기 때문에 앉아가야 한다?

손주를 둔 내 입장에서 보아도 그건 아닌 것 같다. 지하철에서 노약자석은 신체적 약자도 앉아갈 수 있다.

임산부 자리도 있지 않은가?

요즘 젊은이들은 종일 직장에서 근무하기 때문에 피곤하다.

젊은이도 약자일 수 있지 않은가?

경로 우대로 무임승차하는 노인인데, 앉아서 가려고 하는 태도가 어색했다. 저녁 시간에 전철을 타보면 젊은이들도 많이 타는데, 노인석이 비어 있는데도 젊은이들은 그 자리 앉길 않고 서 있다. 그런데 노인들은 빈자리가 생기면 동작도 잽싸게 앉는다. 그 정도 체력이면 서서 가는 것도 무리가 아닐 것 같은데도 말이다.

돈 주고 타는 젊은이에게 미안한 마음이 들지 않나.

옛날엔 전철에 노인석, 노약자석, 임산부석에 대한 구분이 없었다. 어른으로 보이면 무조건 양보했다. 어른이 서 있으면 앉아 있기에 부담스러워서 얼른 자리에서 일어났던 기억들이 스쳐 지나간다.

문득 옛날 시내버스 타던 시절이 생각난다. 여자 차장이 버스 문에 매달려 안간힘을 쓰며 승객들을 안으로 밀어 넣는다. 그리고 버스 문을 두드리며 힘차게 소리친다.

"오라이."

그 소리 듣고 기사는 버스를 출발시킨다. 누가 말했던가, 버스는 경유로 가는 것이 아니라, 차장의 오라이 소리 힘으로 간다고. 콩나물시루 같았지만, 정감 어린 추억이었다. 나는 그때도 버스를 타면 서 있었고, 지금도 지하철을 타면 굳이 앉으려고 기를 쓰지 않는다. 일반석에 앉을만한 연륜이지만 꼭 앉아가려고 하지 않는다. 그게 한참 일하는 젊은이에 대한 나의 조그만 배려라고 생각하기 때문이다.

오늘도 지하철을 타고 외출한다. 약속 시간 지키는 데는 이만한 교통편이 없다. 지하철에서 연출되는 천태만상을 구경하고, 나만의 낭만적 상념에 잠겨본다.

침묵 속의 전쟁, 철원 땅굴

문인들과 함께 봄 문학기행을 떠났다. 봄기운이 담장 너머까지 스며드는 날, 우리는 철원으로 향했다. 철원은 감성을 불러일으키는 곳이다. 삼부연 폭포, 고석정 절경, 그리고 검은 줄무늬가 새겨진 주상절리 암석. 하지만 6·25전쟁의 상흔이 아직 남아있는 비운의 땅이기도 하다.

예전에 방문했던 철원은 좀 더 활력이 넘쳤다. 한탄강에서 래프팅으로 물살을 가르기도 하고 북쪽 언덕 넘어 골프장에서 라운딩을 즐겼다. 한탄강CC에서 내려다본 강물은 짙푸른 생명력으로 출렁거리고 그 위를 떠가는 고무보트의 젊은이들은 함성을 지르며 강물과 하나가 되었다. 나는 그곳으로 당장이라도 뛰어 내려가 그들과 함께 물결 속으로 몸을 던지고 싶었다.

고석정에서 점심을 먹고 도착한 곳은 월정리 역이다. "철마는 달리고 싶다"는 팻말이 역 입구에 우두커니 서 있다. 그 옆에는 녹슨 열차 한 대가 멈춰버린 시간처럼 박혀 있다. 열차의 앞부분은 사라지고 없다. 전쟁 당시 북한군이 그것만 떼어 북쪽으로 끌고 갔다는 이야기가 전해진다. 남은 객차는 잊힌 기억처럼 희미한 바람 속에 몸을 맡긴 채 쓸쓸히 서 있다. 이젠 형체를 유지하기도 버거운 듯 서서히 해체되고 있다. 그것은 철로 위에 놓여있는 한반도 비극의 상징이었다.

철원에는 제2땅굴이 있다. 북한이 도발 목적으로 비밀리에 파놓았던 네 개의 땅굴 중 하나이다. 땅 아래 음모가 여전히 꿈틀거리고 있는 듯한 서늘한 느낌이 든다.

안내원의 주의 사항을 들은 다음 땅굴 아래로 내려갔다. 땅속으로 거대한 뱀이 지나간 흔적인 것 같다. 길이는 3.5km. 그중 걸을 수 있는 길이는 고작 500m였지만 그 짧은 구간조차 숨이 막힐 듯했다.

그 속은 한여름 햇살이 비껴간 어둠이었다. 헬멧을 쓴 머리 위로 울퉁불퉁한 암벽이 고개를 숙이라고 속삭였다. 지하수 흐르는 소리는 생명의 신음처럼, 곡괭이질의 메아리처럼 다가왔다.

땅굴은 단순한 통로가 아니었다. 그것은 전쟁이 아직 끝나지 않았음을 말하는 어두운 상징이었다. 흙을 파고 또 파며 만들어낸 이 길에서 나는 인간의 집요함을 읽었다.

예전에 파주에서 들려오던 소문들, 땅속에서 기계 소리가 들린다는 말과 누군가 삽질하는 소리 같다는 이야기가 이제야 내 귀를 때린다.

지금도 그 땅속은 조용하지 않다. 침묵 속에 울림은 오래된 전장의 심장 박동처럼 들린다. 북쪽을 향해 뻗은 그 어두운 통로는, 우리가 닿을 수 없는 분단의 그늘이자 민족의 상처가 되었다.

오래전 TV를 통해 방영되던 이산가족 찾기 프로그램이 떠올랐다. 화면 속 사람들은 흘러간 세월만큼이나 서로의 얼굴을 알아보지 못하다가, 어느 순간 꼭 닮은 눈매와 목소리를 붙잡고는 통곡하며 부둥켜안았다. 오랜 기다림 끝에 마주한 순간이었건만 기쁨보다 먼저 터진 것은 슬픔과 회한이었다. 그 기억이 봄날의 햇살 아래에서도 여전히 시리고, 아팠다.

북녘이 고향인 이들이라면 철원의 평화전망대에 서서 저편을 향해 가만히 마음을 내어주었을 것이다. 이름조차 흐려진 누군가의 얼굴을 떠올리며 넘을 수 없는 선 앞에서 망향의 한을 조용히 삭였을지도 모른다. 철원은 그렇게 깊은 침묵 속에서 오늘도 말하고 있었다.

전쟁은 아직 끝나지 않았다.
우리는 여전히 그 어두운 통로를 지나고 있다.

오월에 머물고 싶다

오월이 저물어간다.

찬란한 계절이 하루하루 짧아지는 것이 아쉽기만 하다. 화사했던 봄꽃들은 저마다 색을 거두어들이지만, 그 자리를 대신한 연둣빛 잎새들은 햇살을 머금은 채 반짝인다. 그 잎새들조차 하나의 꽃처럼 느껴질 만큼, 오월은 마지막까지 눈부시다.

이 계절의 풍경 속에서 여인은 모두 시인이 된다.
바람 한 줄기에도, 빛의 굴절에도 마음이 먼저 물들기 때문이다.
이맘때면 어김없이 피천득의 산문 〈오월〉이 떠오른다.

나는 오월 속에 있다.
연한 녹색은 나날이 번져 가고 있다.
어느덧 짙어지고 말 것이다.

이 짧은 문장들이 내 마음 안에서 오래도록 머문다. 마치 바람결에 스며드는 음악처럼, 그 말들은 오월을 붙들고 싶은 내 마음을 더욱 간절하게 만든다. 그래서일까. 이 계절만큼은 도시의 소음보다 새잎의 속삭임을 듣고 싶고, 사람의 말보다 바람의 음성을 더 믿고 싶어진다.

그런 내 마음을 읽기라도 한 듯, 봄 음악회의 초대장이 날아왔다. 이름도 곱다.

'봄날의 선율'

여의도의 한 아트홀에서 열린 연주회장은 이미 관객들로 가득 차 있었다. 아마 나처럼 모두가 오월 속에 더 오래 머물고 싶어서 모인 것이리라.

첫 무대의 피아노 선율이 잔잔히 깔리고, 소프라노의 목소리가 김소월의 〈산유화〉를 불러올렸다.

"산에는 꽃 피네, 꽃이 피네…."

그 익숙한 시가 음표의 날개를 달고 내 마음 깊은 곳으로 스며들었다. 이어진 서정주의 〈연꽃 만나러 가는 바람같이〉와 박두진의 〈꽃구름 속에〉는 오래전 기억 속의 시가 되어 다시 노래로 피어났다. 나는 어느새 음악 속으로 천천히 잠겨 들었다.

테너와 바리톤이 이어서 무대를 채웠다. 그들의 음성은 산 계곡을 흐르는 물처럼, 가슴속을 시원하게 쓸고 지나갔다. 특히 바리톤의 낮고 깊은 울림은 마치 연둣빛 잎새 위를 구르는 이슬방울 같았다. 그 목소리는 마음의 먼지를 털어내며 따뜻한 빛으로 번져나갔다.

내가 물들고 너도 물들면 온 산이 활활 타는 것 아니겠느냐.

이 시구가 노래로 흘러나올 때, 가슴 한쪽이 뜨겁게 타올랐다. 노래가 아니라 계절 자체가 노래하고 있는 듯했다.

공연이 끝난 뒤, 일행들과 함께 공연장 근처 공원을 걸었다. 저물어가는 오후의 공기는 서늘했고, 연초록 잎사귀 사이로 낮달이 흩어져 내렸다. 우리는 음악의 여운을 이야기로 되새기며 천천히 걸었다. 그 순간, 말보다 더 깊은 것이 우리 사이를 흐르고 있었다.

연둣빛 공기 속을 거닐다가 나는 문득 이런 생각을 했다.

이 순간, 나는 음악과 자연과 사람 사이에서 오월을 온전히 품고 있구나.

그래서 더욱 간절히 바랐다.

이 오월이 내 곁을 떠나지 않기를.

아니, 내가 조금 더 오래 이 오월 속에 머물 수 있기를.

오월은 그렇게, 여전히 내 마음의 한켠에서 푸르게 울리고 있었다.

천년고목 은행나무 아래에서

마지막 잎새마저 대롱대롱 매달린 가을의 끝자락이다. 찬바람이 뺨을 스치고, 하늘은 유난히 깊고 맑았다. 계절의 문턱을 넘기 전, 마음속에 잠시 머물고 싶은 곳이 있었다. 바로 천년의 세월을 품은 용문사의 은행나무다.

이십여 년 전, 그 앞에 섰던 기억이 문득 떠올랐다. 그때의 나와 지금의 나는 얼마나 달라졌을까. 세월의 겹을 헤아리며, 문우들과 함께 양평으로 향했다.

차창 밖으로 스쳐 가는 풍경은 낯설면서도 익숙했다. 도시의 회색빛을 벗고, 들녘을 지나 산기슭으로 접어드니 길은 고요하게 숨을 고르고 있었다. 맑은 햇살이 차 안으로 스며들고, 동행들의 웃음소리가 잔잔하게 번졌다. 이야기는 시의 리듬처럼 흘렀고, 도로는 마치 한 편의 긴 운문처럼 우리를 용문사로 이끌었다.

절집에 다가갈수록 공기가 달라졌다. 계곡을 따라 오르는 길에는 단풍이 울긋불긋 물들어 있었다. 바람결에 흔들리는 나뭇잎 하나하나가 마치 오랜 시간의 언어처럼 느껴졌다. 도심 속에서는 들을 수 없던 산의 숨결, 그 고요한 울림이 가슴속 깊이 스며들었다.

마침내, 그 거대한 존재 앞에 섰다. 일천일백 년을 버텨온 은행나무. 둘레만도 열 미터, 높이는 칠십 미터나 되는 웅장한 자태였다. 잎은 모두 떨어져 앙상했지만, 그 가지마다 매달린 은행 열매가 묵묵히 생의 흔적을 증언하고 있었다. 신라의 의상대사가 지팡이를 꽂은 자리에 자라났다는 전설처럼, 그 나무는 인간의 시간을 초월해 있었다.

수많은 세월의 비바람을 맞고도 여전히 그 자리를 지키고 있는 나무 앞에서, 나는 묘한 경외감에 사로잡혔다. 깊게 팬 나이테의 상처마다 누군가의 기도와 슬픔, 나라의 환란이 함께 묻혀 있을 것만 같았다. 나라에 큰일이 닥칠 때마다 몸을 울려 세상에 경고를 보냈다는 이야기도 들려온다. 고종황제가 서거하던 날, 큰 가지 하나가 부러졌다는 전설까지도.

그 모든 세월의 무게를 고스란히 짊어진 채, 나무는 여전히 하늘을 우러르고 있었다.

나는 그 앞에서 잠시 눈을 감았다. 바람이 스치며 머리카락 사이를 흔들었다. 천년의 시간 속을 걸어온 나무 앞에서, 백 년도 채 살지 못하는 인간의 욕망이 얼마나 덧없고 작은 것인지 새삼 깨닫게 된다. 사람은 늘 내일을 향해 달리지만, 나무는 제자리에서 세월을 품는다. 바람과 비를 받아내며, 묵묵히 그 자리를 지키는 일. 어쩌면 그것이 진정한 삶의 지혜인지도 모른다.

법당을 둘러보며 마음을 가라앉히고 내려오는 길, 산등성이 너머로 노을이 번지고 있었다. 허기가 밀려와 문우들과 산채비빔밥집에 들렀다. 따뜻한 밥 위에 고소한 나물 향이 퍼지고, 부침개의 노릇한 냄새가 허기를 달랬다. 배를 채우며 우리는 웃었다. 시장이 반찬이라는 옛말처럼, 함께 나누는 식사 한 끼가 그 어떤 만찬보다도 깊은 맛이었다.

식후에 다시 천년고목을 돌아보았다. 서쪽 하늘이 붉게 타오르고, 나무의 그림자가 길게 뻗어 있었다. 그 거대한 줄기 아래에서 나는 문득 이런 생각을 했다.

은행나무가 천년을 버틸 수 있었던 건, 자신을 높이려 하지 않고 땅속 깊이 뿌리를 내렸기 때문이리라.

삶 또한 그렇지 않을까. 우리가 흔들리지 않기 위해선 더 깊이, 더 단단하게 뿌리내려야 한다. 나무는 늘 하늘 향해 있지만, 그 힘은 보이지 않는 땅속에 있다. 나무의 지혜가 그날따라 유난히 마음에 닿았다.

서울로 돌아오는 길, 차창 밖엔 어둠이 내리고 별빛이 하나둘 떠올랐다. 문득 천년고목의 그 넓은 품이 떠올랐다. 세상의 변화를 묵묵히 지켜온 그 나무처럼, 나도 내 안의 시간에 뿌리내리고 싶었다.

내년 봄, 봄꽃이 은행나무 가지에 피어날 즈음, 다시 그 앞에 서서 묻고 싶다.

천년의 바람을 견딘 당신은 오늘도 여전히 살아 있느냐고,

나는 그 세월의 한 조각이 될 수 있느냐고.

제3부 호수에 물든 가을 이야기

수평선 앞에 서면 오래 물에 잠겨있던 숲이 한꺼번에 풀린다.
잔물결이 가만히 허리를 굽히며 부딪쳐 올 때면,
그 품에 내 몸을 맡겨 함께 출렁이고 싶다.

늦가을 해변을 걷다

팔월이 이름 그대로 팔팔 끓고 있다. 한낮 불볕더위 아래에서 한 걸음도 옮기기 어려웠다. 소나기라도 퍼부어 주면 열기가 식으련만 올여름에는 비가 별로 내리지 않았다. 그럼에도 양재천 초목은 싱그럽다. 초록빛을 더하며 무성한 잎을 자랑한다. 강한 햇볕을 이겨온 나무는 사람보다 더 치열한 삶을 산다고 할 수 있겠다.

아파트 거실에서 물 흐르는 풍경이 내려다보인다. 정원의 작은 폭포다. 물소리가 계곡물처럼 어찌나 시원하게 들리는지, 장대비가 줄기차게 내리는 느낌이 들었다. 소파에 앉아 이 소리를 들으며, 커피 한잔하는 것이 요즈음 즐거움이다. 피서지에 와 있는 착각이 든다.

사람들은 여름철에 바닷가로 간다. 나는 인적 뜸한 늦가을에 해변에 간다. 모래사장을 거닐며 갈매기 먹이도 주고 삶을 재충전하고 싶다. 늦가을 바닷가는 한적해서 사색에 빠지기 좋다.

오래전 늦가을에 먹거리를 사려고 김포 대명리 포구에 다녀온 적이 있다. 순무 김치로 유명한 곳이다. 평일인데도 김장철이라 그런지 인파로 북적거렸다. 어부들이 갓 잡은 물고기들을 그물에 넣어 통째로 가게에 넘겨주고 있었다. 가게에는 간장게장도 있고 반건조 박대도 꾸러미로 진열되어 있다. 순무 김치와 함께 좋아하는 생선을 종류별로 사서 차에 실었다.

일을 마치고 나니 바다 건너 강화도를 한 바퀴 돌아보고 싶은 충동이 생겼다. 다시 이곳에 온다는 것은 기약할 수 없었기 때문이다.

동막해수욕장에 도착해서 주차했다. 차에서 내릴 때 옆 차에서 낯익은 모습이 눈에 띄었다. 얼굴을 마주치는 순간 매우 놀랐다. 가끔 모임에서 만나는 고향 친구였다. 어찌나 반갑던지 어린아이처럼 부둥켜안고 빙빙 돌았다. 그녀는 이 근처에 별장을 가지고 있었다. 이곳에 오면 바닷가를 혼자 걷곤 한단다.

우리는 밀물로 출렁거리는 해변을 함께 걸었다. 늦가을 해풍이어서 바람이 찼다. 모래밭에 발자국을 남기며 친구와 같이 걷는 기분은 날아갈 듯했다. 세상 자유를 다 얻은 듯 행복이 파도처럼 솟구쳐 올랐다.

존재의 평온함을 만끽하는 순간이었다. 우리는 신이 나서 맨발로 뛰어가며 함성을 질렀다. 바닷물이 빠지는 광경을 바라보며 모래밭에 시 한 편을 남겼다.

발자국은 갯바람에 속절없이 부서져 내리고

질주하던 영혼은 함몰된 바다에 빠져든다

모래밭은 갈매기 세상이었다. 떼 지어 자유롭게 날기도 하고, 사뿐히 내려앉아 무엇인가를 쪼아 먹었다. 갈매기야말로 진정한 자유를 아는 것 같았다. 새우깡을 던져주면, 무더기로 날아와 쪼아 먹었다. 그 모습이 군무를 추는 듯 장관이다. 눈길 한번 돌리지 않고 곁에 다가가도 아랑곳하지 않는다. 갈매기도 사람처럼 먹는 즐거움에 푹 빠지는구나, 생각했다.

저 멀리 수평선에 떠 있는 고깃배들은 섬이 되었다.

선창에서 비릿한 냄새를 풍기며 만선의 꿈을 꾸고 있을 테다.

늦가을 동막해수욕장에서 보낸 시간은 꿈처럼 느껴졌다. 삶을 재충전하기 위한 나 홀로의 나들이였다. 고향 친구와의 해후는 우연을 넘어 필연처럼 다가왔다. 파도 소리를 가슴에 담으며 영혼의 깊이를 더한 순간이었다.

호수에 물든 가을 이야기

수평선 앞에 서면 마음이 탁 트인다.

끝없이 펼쳐진 하늘과 물결이 맞닿은 곳, 그 사이로 내 마음도 잔잔히 흔들린다.

햇살이 물 위를 반짝이며 춤출 때면, 마치 그 빛결 속으로 걸어 들어가고 싶다. 세상의 번잡한 일들이 그 순간만큼은 모두 멀어지고, 오직 바람과 물결만이 내 안을 오간다.

그래서일까, 나는 종종 승용차를 몰고 바다나 호수로 훌쩍 떠난다. 길의 길이가 아니라 마음이 어디로 향하느냐가 진짜 여행의 시작이기 때문이다.

며칠 전, 포천의 고모리 저수지를 찾았다. 고속도로를 따라 한 시간 남짓 달리면 닿는 곳이지만, 그 안에는 도시의 시간과는 전혀 다른 호흡이 숨어 있다. 이곳은 매년 봄과 가을, 한 번쯤은 꼭 들러야 마음이 정화되는 나만의 쉼터다. 봄에는 진달래가 분홍빛 물결로 호수를 감싸고, 가을이면 첩첩산중에 붉고 노란 단풍이 산호처럼 물결친다. 이번에도 그 가을의 한가운데로, 가까운 친구들과 함께 떠났다.

　이곳과 인연은 스무 해 전으로 거슬러 올라간다. 직장 일로 우연히 들렀다가 호수의 고요한 물빛과 산의 곡선에 마음을 빼앗겼다. 이후로 근처 골프장을 찾을 때마다 호수를 내려다보는 한 카페에 앉아 차 한잔의 여유를 즐겼다. 카페 창 너머로 비치는 광릉수목원의 울창한 나무들은 사계절의 변화를 노래하듯 내 마음을 다독였다.
　봄에는 새싹의 속삭임이, 여름에는 초록의 숨결이, 가을에는 낙엽의 노래가 귀를 적셨다.

　호수 주변에는 소박하지만, 정겨운 맛집이 많다. 그중 내가 즐겨 찾는 생선구이 집은 테라스 위에서 호수를 바라보며 식사할 수 있어 더없이 좋다. 바싹하게 구워진 생선의 고소한 냄새가 코끝을 간질이고, 김이 오르는 밥 한술을 입에 넣을 때마다 바람이 살짝 볼을 스친다. 이번에도 친구들과 함께 식탁에 둘러앉아, 그 향기와 웃음을 마음 깊이 들이켰다. 따뜻한 밥상 위에 피어난 웃음꽃은 낙엽보다 더 화사했다.

식사를 마치고 데크길을 걸었다. 발끝에 닿는 낙엽의 바스락거림, 코끝을 스치는 풀 내음, 그리고 호수 위에 부서지는 햇살이 가을의 선율을 이룬다. 바람이 불면 단풍잎이 한두 장씩 떨어져 물 위에 내려앉고, 그 잎은 잠시 빙그르르 돌다 천천히 잠긴다. 그 모습을 바라보다가 문득 생각했다. 우리의 삶도 저 낙엽처럼 흘러가지만, 흘러가며 또 하나의 색을 남긴다는 것을. 손에 들린 따뜻한 커피 한 잔마저, 그 순간 유난히 따뜻했다. 향기마저 고요했고, 여운마저 느리게 피어올랐다.

한 시간 남짓 걷다 보면 어느새 마음속의 무거운 짐이 사라진다. 발걸음은 가벼워지고, 생각은 투명해진다. 걷는다는 것은 단순히 몸을 움직이는 일이 아니라, 마음의 먼지를 털어내는 일이다. 호수 위로 저녁노을이 스며들고, 붉은빛이 하늘과 물을 하나로 묶는다. 그 시간, 세상과 나의 경계가 사라진 듯한 평화가 찾아온다. 카페에서 흘러나온 노래 한 가락 '가을이 오면'이 그 순간의 공기를 완성했다.

길가의 평상에 작은 장터가 열렸다. 갓 수확한 대파와 열무, 양파가 가지런히 놓여있고, 그 옆에는 어마어마하게 큰 호박이 굴러가듯 자리 잡고 있었다. 친구 한 명이 "이걸로 호박죽을 쑤어 독서클럽 회원들과 나누면 좋겠다"며 들썩였지만, 값이 만만치 않았다. 흥정 끝에 결국 호박을 사지 못했지만, 그 시간마저도 웃음으로 남았다.

장터의 구수한 사투리, 사람 냄새, 소소한 유머가 모두 그날의 풍경이 되었다.

돌아오는 길, 차 안에서는 웃음이 끊이지 않았다.

"그 큰 호박, 냉장고에도 안 들어갔을 거야."

"호박죽을 쑤다 몸살이 났을지도 몰라."

누군가의 농담에 차 안이 한바탕 웃음으로 흔들렸다. 그 순간, 이솝우화의 '여우와 신포도'가 떠올랐다. 웃음은 여행의 끝자락을 따뜻하게 감쌌고, 창밖으로는 이미 가을볕이 반짝이고 있었다.

친구와 떠나는 여행은 언제나 소소한 기쁨과 나눔으로 가득하다. 사람의 온기는 계절을 더욱 깊게 물들인다. 데크길을 걸으며 느꼈던 바람과 호수의 물빛, 그리고 친구의 웃음이 아직도 가슴속에 잔잔히 울린다.

건강한 삶은 작은 습관에서 비롯된다고 한다. 마늘이나 양파를 꾸준히 먹으라는 조언처럼, 마음이 맞는 사람들과 웃음을 나누는 일 또한 삶을 건강하게 만드는 방법일 것이다.

그날 친구들과 함께한 하루는 낭만과 웃음, 건강한 기운으로 충만했다. 며칠이 지나도 마음속에는 여전히 그날의 바람이 남아있다. 바람은 시간의 손끝처럼 내 머리칼을 스치고, 호수의 물빛은 아직도 내 눈동자에 머문다.

그날, 나의 마음은 호수를 따라 천천히, 그리고 깊게 가을에 물들었다.

덕봉산 해안 생태탐방로 산책

기다리던 봄이 왔다. 날씨도 따뜻하다.

친구들과 당일치기 여행을 떠나기로 하였다. 사람들이 북적거리는 곳을 피해, 한적한 강원도 삼척 덕봉산 해안 탐방로에 가기로 하였다. 서울에서 이른 시간에 승용차로 삼척을 향해 달렸다.

강원도 삼척은 울진과 이웃한 작은 도시다. 삼척은 특별한 관광지도 없어 떠들썩한 축제도 없다. 그래서 찾아오는 사람도 별로 없는 조용한 도시다.

울진과 삼척, 하면 얼른 떠오르는 것은 1968년 북한 무장 공비 침투 사건이다. 이승복 군은 "나는 공산당이 싫어요." 한마디하고는 무장 공비에 의해 무참히 살해당한 곳이기도 하다. 내가 초등학교 시절이었는데, 그는 아직도 우리의 가슴에 영원히 늙지 않는 어린이로 남아있다.

삼척 근덕면 맹방해수욕장에 인접한 바닷가 근처에 덕봉산이 있다. 삼척 무장공비 사건 이후 덕봉산은 민간인의 출입이 금지되었다. 그러던 것이 지난해 2021년 4월 1일부터 53년 만에 군 경계 철책선을 헐어버리고 개방하였다. 덕봉산 둘레에 데크를 설치하고, 해안 생태탐방로로 재탄생했다.

덕봉산 생태탐방로를 걷는다. 발아래 보이는 푸른 물 빛깔이 어찌나 아름다운지, 부드럽게 휘어진 해안에 잔잔한 바람이 그 곡선을 타고 흘러내린다. 한 폭의 동양화가 펼쳐져 있는 듯, 명불허전이다.

덕봉산은 거북이 모양의 작은 산이다. 둘레길을 걸으며 사진도 찍고, 산책하기에 딱 좋은 곳이다. 나무로 된 외나무다리를 통해 산 위를 오르며 둘레 데크길을 걷다 보면, 동해의 짙푸른 바다가 한눈에 내려다보인다. 곱게 펼쳐진 바다의 풍경에 마음의 평온함이 한없이 차오른다.

바다에 출렁거리는 그리움도 품어보고 소소한 일상을 털어버리기도 하며, 짓누르던 스트레스도 날려 보낸다. 파도 소리도 리듬 타듯 경쾌하게 들리는 관능적인 자연의 화음같이 아름답게만 들린다.

탐방로에 있는 대나무들이 해풍에 서걱거리는 소리가 경쾌하다. 서걱거리는 대나무 중 하나가 밤마다 소리 내어 울었다 한다. 자명죽을 찾아내어 이 대나무로 화살을 만들어 사용해 무과에 급제하였다는 설화도 있다.

명사십리 맹방 해변의 길이도 십 리는 되나보다. 은빛 모래밭이 길게 펼쳐진 맹방 해변을, 맨발로 푹푹 빠지기도 하고 뛰어다니기도 했다. 발 끝에 닿는 감촉이 어찌나 부드러운지 낭만이 가득했다. 지나간 수많은 시간은 이젠 주름졌지만, 친구들과 마음은 동심으로 돌아가 많이도 즐거웠고 많이도 웃었다.

동해 바닷물은 수정같이 맑다.

바닷물을 보고 있노라면 금방이라도 빨려 들어갈 것처럼 눈이 떨어지질 않는다.

사람 마음도 저렇게 맑을 수 있으면 얼마나 좋을까.

바닷물이 맑으니, 숭어를 잡으려고 그물을 바다에 던져놓고 숭어를 기다리고 있는 사람들도 있었다. 잡힌 숭어들이 양동이에서 펄쩍 뛰고 있는 모습도 장관이었다.

밤길 운전이 두려워 멋진 바닷가 노을 풍경을 보지 못하고, 조금 일찍 올라온 것이 아쉽기만 하다. 자연 앞에서는 멋진 자연 그대로를 내려놓을 수 있다는 것만으로도 마음이 유쾌하다.

일상의 분주함 속에 복잡한 도시를 떠나, 사색하며 덕봉산 생태탐방로를 산책하며 잠시라도 마음의 여유를 가져본 것은 삶의 좋은 활력소가 된 것 같다. 단순히 쉬는 것만이 아닌 다른 얻는 것도 많이 있기 때문이다. 머릿속을 정리할 수도 있고 잠시지만 마음에 평온이 오기도 한다.

　분주한 도시에서 말라버린 감정을 채우기 위해선 여행으로 재충전이 필요하다고 생각한다.

봄의 길목, 반월호수에서

올해는 입춘이 지났는데, 아직도 춥다. 추위를 유독 잘 타는 나는 외출을 꺼리고, 종일 집 안에서 웅크리고 있었다. 날씨가 풀리면 호수 나들이나 하자는 친구들과의 약속도 몇 번이나 미루었다.

우수가 가까워지며 찬 기운이 조금 누그러졌다. 마음을 다잡고 약속한 대로 안산 반월호수로 향했다. 입춘 지난 햇살은 부드러웠지만, 호수는 여전히 하얀 얼음에 덮여 있었다.

호수 둘레길에 발을 내딛자, 고요가 나를 감싸안았다. 사람 발길이 뜸한 호숫가엔 누렇게 시든 억새와 야생화가 바람에 고개를 떨구고 있었다. 생명의 색이라 불리는 푸른빛조차 찾아볼 수 없다. 얼음 위의 청둥오리 몇 마리가 마치 호수 속에 숨어 있는 봄과 비밀스레 대화를 나누는 듯하다. 호수는 바람에 흔들리며 오래된 기억을 되새기는 노인처럼, 부서질 듯 거친 숨소리를 내뱉고 있다.

걸음을 멈추고 귀를 기울이니, 겨울이 조금씩 물러나며 봄이 오는 소리가 들려오는 것 같다. 계절은 시기가 되면 물러날 줄 안다. 사람과 달리 반칙하지 않는다. 곧 봄의 빛깔을 입고 다시 생명을 틔울 호수처럼, 우리도 그 순리를 따라 살아가야 한다는 생각이 스쳐간다.

"머지않아 우리도 겨울 호수가 되겠지."
"고운 빛깔은 지나고 황량함이 남겠네."
"그래도 고독하지 않도록 미리 준비해야지,"
친구들과 대화는 어느새 인생 이야기로 옮겨 갔다.

아이들 웃음소리로 가득하던 어제는, 추억 속 장면이 되었고 직장을 떠난 뒤에는 해가 저무는 듯한 쓸쓸함이 밀려올 때도 있었다. 하지만 그 시절은 목적이 있고 힘이 있었던 시간이었다.

반월호수도 추위를 견디고 나면 또다시 봄을 맞이할 거다. 나 또한 내 안의 봄을 되살리고 싶다. 젊은 시절처럼 생동감 있는 나로. 직장 은퇴 후 아이들이 모두 출가하고 나니, 마음이 한결 가벼워졌다. 이제 나만의 취미 생활을 할 수 있고 친구들과 여행도 마음껏 떠날 수 있게 되었다. 존 러스킨은 다음과 같은 명언을 남겼다.

인생은 흘러가는 것이 아니라, 내가 가진 무엇으로 채워가는 것이다.

나도 오늘 반월호수 둘레 길을 걸으며, 내 삶을 스스로 채워가야겠다고 다짐한다. 발걸음 가볍게 호수를 한 바퀴 돌고 나서, 우리는 맛있는 메밀국수로 속을 덥히고 차를 나눴다. 그리고 웃으며 다짐했다.

초라하게 나이 들지 말자. 반월호수의 연둣빛 봄처럼 화사하게.

시간의 마디를 걷다

아파트 헬스장에 가면 가장 먼저 런닝머신에 오른다. 창가 쪽에 서서 걷다 보면 창 너머로 물이 층층 대리석을 타고 흐른다. 그 모습이 마치 천국의 계단처럼 느껴지기도 한다. 낮은 목소리로 조잘대는 물소리를 들으며 뛰고, 걷고 하면 어느새 시간이 훌쩍 지나간다.

월요일은 헬스장이 쉬는 날이어서 집 앞 천변길로 발길을 돌렸다.

그곳 풍경은 늘 새롭다. 짙은 초록이 나무마다 흐드러져 여름을 뽐내고 있었다. 개울물은 뱃속까지 투명해 물고기들이 지느러미를 살랑이며 요리조리 노니는 모습이 선명하게 보였다. 잉어 떼는 데모하듯 몰려다니고, 까치들은 나뭇가지에 앉아 수다를 떨고 있다. 그런 모습 속에서 나는 오염되지 않은 원초적 자연을 발견하곤 한다.

천변길을 따라 걷다 보니 한여름이라고 믿기 어려운 선선한 바람이 얼굴을 스친다. 나뭇잎에는 여름빛이 촉촉하게 배어 있고, 초록은 푸르다 못해 검은 빛을 띠고 있었다. 신기하게도, 이맘때면 시끄럽게 들렸던 매미 소리가 들리지 않는다. 며칠간 폭염에 매미도 입을 다문 모양이다.

여름의 주인공이 침묵하는 틈을 타서, 투박한 남자아이들의 목소리가 물 위로 튀어 올랐다. 단체로 봉사활동을 나온 중학생들이었다. 비닐봉지에 쓰레기를 담으며 변성기의 거친 목소리로 서로 부르며 웃고 떠드는 모습이 정겨워 보였다. 문득 중학교 시절이 떠올랐다.

우리 학교에서 봉사활동으로 송충이를 잡으러 산에 오른 적이 있다. 땡볕에 모자도 쓰지 않고 체육복 차림으로 한참을 올랐다. 나무젓가락을 들고 몸서리를 치면서 송충이 열 마리씩 잡았다. 누군가가 커다란 송충이를 발견하면 우리들은 징그러워서 비명을 질러댔다. 잡은 송충이는 선생님께 검사를 받았다. 선생님은 웅덩이 속에 모아놓고 불을 붙여 태웠다. 집에 돌아가서는 송충이 이미지가 자꾸 떠올라 밥을 먹지 못했다. 송충이는 크기와 색깔이 얼마나 다양한지, 그 여름의 기억은 아직도 선명하다. 돌이켜보면 무겁지도 가볍지도 않은 중학교 시절, 여름의 한 페이지였다.

내 고향은 산새 좋고 물 맑은 곳에 살아서 추억거리가 많다. 가끔 고향 친구와 모이면 그 시절 이야기에 웃음꽃이 핀다. 구관이 명관이라고, 오래된 친구들은 된장국처럼 구수하고 잊히지 않는다. 그 시절 함께한 시간은 지금의 나를 지탱해주는 든든한 뿌리가 되었다. 요즘 아이들은 어려서부터 학원에 매여 정서가 마르지 않을까 걱정된다.

친구들과의 다정한 추억도 없이, 그저 경쟁에서 최고가 되어야 한다는 욕망에 집착하고 있지는 않을까?

양재천을 따라 시간의 마디 마디를 걷는 이 아침은 어쩌면 지금이 아니라 중학교 시절 그때 그 여름 속을 걷는 것 같다. 시간은 흘러갔지만, 기억은 멈추어 있고, 나는 그 경계 어딘가를 조용히 지나가고 있다. 오늘의 산책도 그렇게 한 장의 추억이 될 것이다.

또 한 번 시간이 접히고 기억이 머무는 자리에 남아있으리라.

연꽃 속의 선화공주

인공정원으로 조성한 부여 궁남지는 우리나라에서 제일 큰 연꽃 명소로 잘 알려져 있다. 궁남지라는 말은 백제시대 궁궐 남쪽에 있다고 해서 붙여진 이름이다. 훗날 무왕으로 등극한 젊은 서동과, 신라 진평왕의 셋째 딸 선화공주와 사랑 이야기가 전해지는 곳이기도 하다. 서동공원에는 그들의 사랑 이야기가 조형물로 세워져 있다.

궁남지는 백제의 무왕이 만들었다는 왕궁의 남쪽 별궁에 속한, 우리나라 최초의 인공 연못이다. 서동과 선화공주가 뱃놀이하며 즐겼다는 이야기도 전해지고 있다. 지금은 관광지로 개발되어 매년 7월이면 연꽃축제가 열린다. 축제는 다양한 프로그램으로 많은 볼거리가 있는, 큰 잔치마당으로 펼쳐진다. 여름이라 땅에서 올라오는 열기가 뜨겁지만, 연꽃축제 기간에는 관광객이 차고 넘친다. 전국의 사진 애호가들도 몰려와 사진 촬영하기에 바쁘다.

오늘은 나도 연꽃 속의 예쁜 선화공주가 되어, 궁남지를 두루 돌아보며 찜통더위를 물리쳐 보련다. 우선 궁남지의 큰 연못 안에는 관광객의 쉼터인 포룡정이라는 정자와 목조다리가 멋지게 자리하고 있다. 연꽃밭은 10만여 평 규모에 수십여 종의 연꽃으로 단장되어, 광활한 초록나라를 이룬다. 내가 방문했을 때는 조금 이른 시기라서, 연꽃은 보기 좋을 정도만큼만 피어 있지만 종류는 다양했다.

연꽃에는 웬만한 접시보다도 더 큰 꽃이 있는가 하면, 키 작은 백련, 수련, 황련이 있다. 또 가시연, 빅토리아연 등 모양도 다양하다. 연꽃이파리는 어찌나 큰지 우산으로 받쳐도 될 정도다. 많은 사람들은 연꽃밭을 걸으며, 사진 촬영을 하면서 감탄사를 연발한다. 환상적인 천만 송이연꽃의 풍광에, 사람들의 설렘이 멈추질 않는다.

연꽃은 진흙탕 속에서 자라지만, 절대 진흙탕에 물들지 않는다. 어쩜 그렇게 맑고 순결한 자태인지, 보면 볼수록 연꽃의 매력에 감탄한다. 연꽃은 활짝 피어 있다 해질 무렵이면, 살며시 봉오리를 오므리는 특이한꽃이다.

부여는 어린 시절 내가 살던 곳이다. 지금의 연꽃밭은 논이었다. 동네 사람들이 장화신고 논에 들어가 우렁을 잡던 흑백사진이, 아직도 기억에 남아있는 곳이기도 하다. 내 나이 사춘기쯤에는 친구들과 같이, 일부러 궁남지를 찾아와서 몇 바퀴씩 걸었다. 궁남지 둘레길엔 울창한 능수버들이 숲을 이루어, 아늑하고 운치가 있다. 옛날에도 능수버들은 고목이었지만, 휘늘어진 줄기만큼은 싱그러웠다.

친구들과 일 년에 한두 번은 궁남지로 여행을 떠나며, 그 시절을 회상한다. 포룡정에 앉아서 옛날이야기 하며, 함께 배꼽 빠지게 웃기도 한다. 포룡정은 궁남지의 섬 안에 있는 정자이다.

포룡정의 야경은 너무나 환상적이다, 백제시대 궁궐이 그 속에 살아있는 듯했다. 커피 한잔 들고 포룡정에 앉아 낭만을 즐기기에 안성맞춤이다. 그러니 궁남지는 내 주름진 추억들이 호수 위에, 둥둥 떠다니는 곳이라 하겠다.

백제가 망할 때 왕족과 함께 낙화암에서, 백마강에 투신했다는 삼천궁녀의 전설이 있다. 그 삼천궁녀의 영혼이 연꽃으로 환생했다는 이야기도 있다. 백제의 애잔함이 서려 있는 궁남지, 백제 왕실의 별궁 연못이다. 지금은 사람들이 산책하며 즐기는 관광지로 변모한 것이다.

오늘 하루 선화공주가 된 나, 궁남지의 연꽃에 취해 푸른 초원을 걸어본다. 연꽃 물결에 함께 흐느적거리다 보니, 배가 고프고 다리도 아프다. 궁남지에서 제일 가까운 사비향 한정식집을 찾았다. 연꽃은 버릴 게 없는 것이, 연잎밥, 연잎빵, 연잎 차로도 유용하게 쓰인다. 한 상 차려진 연잎의 향기가 물씬 나는 연잎밥, 꿀맛이다.

그 옛날 백제가 쉽게 망하지 않았다면, 궁남지의 모습은 더 화려하지 않았을까?

연꽃 수만큼 사연이 많은 백제, 그 흔적이 남아있는 궁남지에서 서동과 선화공주의 사랑 이야기도 아름다웠다.

오늘 나는 연꽃 속의 선화공주가 되어, 내 어린 날 추억과 함께 궁남지의 여름을 다시 피워본다.

가을 잎새로 물드는 나의 하루

오늘은 청잣빛 가을하늘이 유난히 곱다. 산과 들은 형형색색의 단풍으로 천천히 익어가고, 그 풍경을 바라보고 있노라면 자연스레 '결실의 계절'이라는 말이 떠오른다.

그 가을을 온몸으로 느껴보려고, 엊그제 잎새가 우거진 한강 둔치를 걸었다. 산책길은 성급한 낙엽들이 먼저 길을 덮고 있었다. 발밑에서 바스락거림이 이어질 때마다, 오래된 편지를 펼쳐 읽는 듯, 알 수 없는 설렘이 피어났다.

길가에 선 청자빛 가을꽃들은 바람 따라 고개를 흔들며 나를 맞아주었다. 꽃잎을 바라보고 있으면 나 또한 꽃이 된 듯 마음이 환해진다. 가을빛 단풍잎을 보면, 온갖 잡념이 사라지고 나도 함께 곱게 익어가는 기분이다. 그럴 때면 시상도 떠오르고, 마음은 새로 씻긴 듯 상쾌하다.

올해의 가을은 두 번 다시 오지 않는다. 인생의 가을에 들어선 나로서는 이 계절을 그냥 흘려보낼 수 없었다. 그래서 친구 넷이서 가을 여행을 떠났다. 목적지는 가평, 아침고요수목원이다. 인도의 시성 '타고르'가 조선을 '고요한 아침의 나라'라고 예찬했던 말에서 이름을 빌려온 곳이다. 축령산 자락에 아늑히 자리한 수목원을 향해 이른 아침 ITX 열차에 올랐다. 가평역에서 마을버스로 갈아타자, 창밖 산자락이 북쪽으로 갈수록 점점 더 깊은 빛깔로 물들어가고 있었다.

수목원에 들어서니 사람들로 북적였다. 외국인 관광객들은 연신 사진을 찍으며 탄성을 쏟아냈다. 특히 젊은이들은 마치 연예인처럼 포즈를 취하며 가을의 한 장면을 남기고 있었다.

그러나 무엇보다도 감동스러운 건 언덕마다, 골짜기마다 펼쳐진 단풍의 향연이었다. 붉고 노란 빛깔로 수혈을 받은 듯, 나무들은 숨결까지 달아올라 있었다. 한 폭의 수채화 같은 풍경 앞에서 나도 모르게 가슴이 뛰었다. 발길 닿는 곳마다 사진을 남기며 우리는 추억을 한 겹씩 쌓아갔다. 그때 문득 알베르 카뮈의 말이 떠올랐다.

가을은 모든 잎이 꽃이 되는 두 번째 봄이다.

이 말을 아침고요수목원을 거닐며 실감했다. 무르익은 단풍은 꽃이 되어 활짝 타오르고 있었다. 꽃은 지면 흩날리며 사라지지만 단풍잎은 떨어져도 형태를 지켜낸다.

그래서일까, 때로는 낙엽이 꽃보다 더 아름답게 느껴진다. 땅 위를 수놓은 낙엽들 속에서 설명할 수 없는 고독이 스며들었다. 이미 그래서 가을이면 누구나 시인이 되는 것일지도 모른다.

곳곳에는 국화꽃도 흐드러지게 피어 있었다. 진한 향기는 바람을 타고 멀리까지 퍼져갔다. 그 향기를 맡으며 떠오른 것은 서정주의 시구다.

한 송이 국화꽃을 피우기 위해

봄부터 소쩍새는 그렇게 울었나 보다

국화는 오랜 준비 끝에 가을에야 비로소 꽃을 피우기에, 그 향기가 깊고 오래 남는 것이리라. 나는 그 앞에서 생각했다. 나 또한 인생의 가을에 이르러, 언젠가 국화처럼 은은한 향기를 남길 수 있기를.

짧은 가을의 절정은 어쩌면 이별의 전주곡일지도 모른다. 국화도, 단풍도, 머지않아 서리 내리면 스러질 것이다. 그러나 사라짐은 곧 완성의 다른 이름일지도 모른다. 멀리 보이는 산들이 겹겹이 물들어가는 풍경 속에서 나는 오히려 충만함을 배웠다. 아침고요 수목원을 거닐며 가을을 노래하는 시 한 편을 마음속에 지어 본다.

가을은 언제나 이별을 말하지만 동시에 삶을 채우는 충만함을 건네준다. 오늘 하루는 그렇게 청잣빛 잎새로 물든 가을 대작 앞에서 삶을 새로이 충전한 소중한 시간이었다.

천년 숨결의 발왕산 주목

초겨울이 문턱을 스치듯 들어섰다. 단풍은 이미 색을 거두고 낙엽이 되어 바람결에 굴러다니고 있다. 마음 한쪽이 비어 있는 듯 허전해져 문득 멀리 떠나고 싶어졌다. 그렇게 여고 친구 셋과 평창에 있는 발왕산을 오르기로 했다.

발왕산은 태백산맥의 품에 안긴 해발 1458미터의 산이다. 오래전에 팔왕의 묘가 있다 하여 팔왕산으로 불렀으나, 일제 강점기에 지금처럼 발왕산으로 바뀌었다 한다. 예전 같으면 기꺼이 등산할 텐데 이젠 높은 산은 버겁다. 우리는 케이블카로 정상에 오르기로 했다.

KTX를 타고 진부역에 도착하니 오전 열 시를 조금 넘겼다. 다행히 친구 하나가 발왕산을 잘 알아 우리의 길잡이가 되어주었다. 역 앞 무료 셔틀버스를 타고 달려간 산자락에는 용평스키장이 펼쳐져 있었다.

하얀 설원에 스키어들이 날갯짓하듯 미끄러지고 있었고, 단체로 온 이들이 강사의 지도 아래 한껏 들떠 있었다.

그 풍경 속에서 오래전, 첫 스키를 배웠던 날이 떠올랐다. 초급 코스에서 서툴게 미끄러지다, 어느 순간 속도가 붙자 그 매혹에 빠져 시간 가는 줄 몰랐다. '도끼자루 썩는 줄 모른다'는 옛말이 절로 떠오르는 순간이었다. 어떤 이는 스키 시즌이면 한 달 내내 콘도에 머물며 눈과 놀았다. 그때는 이해하지 못했지만 직접 눈 위에서 바람을 가르니, 눈부시도록 흰 세상에서 춤추는 요정이 되는 황홀함을 알 것 같다.

케이블카가 정상에 닿자, 발왕산의 능선이 한눈에 펼쳐졌다. 이미 가을의 색은 사라졌지만 왕이 태어난 어머니 산이라는 이름이 주는 기품이 바람결에 전해진다.

정상의 레스토랑에서 평창 시가지를 내려다보며 여유롭게 점심 식사를 했다. 멀리 풍력발전기가 힘차게 돌아가고 그 너머로 아득한 바다가 빛나고 있었다. 동계올림픽을 성공적으로 치러낸 이 고장이 축복받았음을 새삼 느꼈다.

점심 후, 주목 숲길을 걸었다. 데크길이 완만하게 이어져 발걸음이 편안했다. '주목은 살아서 천년 죽어서도 천년을 간다'는 나무다. 오랜 세월 바람과 눈을 견뎌온 고목들은 마치 세월의 장인이었다.

천 년 이상 살아온 나무는 혼이 깃든 산신이다.

어떤 주목 앞의 푯말이 내 마음을 붙들었다. 굽이진 줄기의 결마다 세월이 새겨져 있다. 손끝으로, 눈빛으로, 온몸으로 그 숨결을 느꼈다. 눈 내린 풍경이라면 아마도 스위스 융프라우에 견줄 만큼 신비로울 것 이라는 생각이 들었다. 문득, 산악열차에 타고 올라가 컵라면을 먹었던 기억이 떠올랐다.

나는 한때 산의 열렬한 연인이었다. 직장인 친구들과 일주일에 한 번씩 퇴근후 야간산행을 했다. 아차산에서 용마산으로, 혹은 그 반대로 산을 타기도 했다. 전철이 끊어지기 전에 내려와야 하니 쉬어갈 틈이 없었다. 한강 변의 조명은 밤마다 또 다른 별빛이었다. 자동차 불빛과 가로등이 그려내는 에스라인은 잊을 수 없는 환상이었다. 정상에서 펼쳐놓은 간단한 먹거리는 그 어떤 진수성찬보다 꿀맛이었다.

산길은 인생길과 닮았다.

오르막이 있으면 내리막이 있고,

정상의 기쁨 뒤에는 묘한 허전함이 따른다.

하지만 산은 언제나 맑고 순수한 마음이다. 삶의 여백을 채워주는 벗이다.

발왕산의 주목들은 묵묵히 천년의 숨결을 전해주고 있었다. 전설이 잠든 산에서의 하루가 저녁노을 속으로 천천히 사라지고 있었다.

화진포 바람의 성에서

바다는 늘 그 자리에서 우리를 기다린다.

밀려왔다 밀려가는 파도, 그 반복의 시간 속에서 한 번도 같은 모습이었던 적이 없다. 오늘의 동해 역시, 어제의 동해와는 다르다.

나는 화진포로 향했다. 한때는 예배당이었고, 한때는 별장이었고, 지금은 역사의 흔적이 되어버린 그 언덕 위의 작은 성을 만나러. 한양도성처럼 크지도 않고 성이라고 부르기에는 어쩌면 아담한 건물이기도 하다. 하지만 화진포의 바람과 파도를 등에 지고 서 있는 그 모습, 왠지 성이라는 이름이 더 잘 어울린다.

이곳은 1938년, 선교사 셔우드 홀의 요청으로 독일인 건축가 베버가 지은 집이란다. 하늘을 닮은 곳에서 기도를 올리려 만든 예배당. 그러나 세월은 순순하지 않았다. 일제가 망하고, 38선이 그어지고, 공산화의 바람이 불던 날 그 집은 김일성의 여름 별장으로 바뀌어 버렸다.

시간은 그렇게 흘러 6·25전쟁이 지나고, 관광객들의 발길이 이어지는 곳이 되었다. 나는 오늘 그곳을 찾았다. 푸른 바다가 한눈에 내려다보이는 언덕에 서면, 역사도 풍경도 모두 잔잔한 바람이 된다.

소나무 숲길을 걸었다. 숲은 언제나 사람의 마음을 낮춘다. 금강송이 빼곡한 그 길을 걸으며 나는 내 마음속 먼지들도 조용히 털어냈다. 피톤치드가 폐 속 깊이 스며들 때마다 잠시 잊고 살았던 숨소리를 느꼈다.

별장으로 올라가는 길, 바람이 불어왔다. 그 바람 속에는 과거도, 현재도, 그리고 어쩌면 미래도 있었다. 김일성이 여름마다 머물렀던 그 집, 지금은 안보전시관이 되어 우리에게 역사의 무게를 이야기해주고 있다.

전시실을 둘러보며 나는 문득 생각했다.

이곳이 예배당일 때, 홀 선교사가 바라보던 창밖 풍경은 어땠을까?

그가 루체른 호수를 떠올리며 화진포를 찬탄했던 그 말이 바람결에 귓가를 스쳤다. 2층 창가에 서니 푸른 물결이 끝없이 펼쳐졌다. 바다는 오늘도 묵묵히 출렁인다. 역사는 그렇게 잠시 사람의 손에 맡겨졌다가도 결국은 자연의 품으로 돌아간다.

멀리 금구도가 보인다. 거북이처럼 등을 구부린 섬. 광개토대왕의 수중릉일지도 모른다는 이야기가 있지만, 진실이 무엇이든 그 섬은 바다 위에 조용히 누워 있다.

한때는 권력자들이 찾던 곳, 이승만도 이기붕도 이 바다를 내려다보며 잠시 세상의 무게를 내려놓았을까. 그들도 이 풍경 앞에서는 한 사람의 눈으로 바다를 바라보았을지도 모른다.

오늘 화진포에서, 바람과 역사와 나의 시간을 함께 걸었다. 이 땅의 어느 곳이라도, 언젠가는 마음껏 자유롭게 찾아다닐 수 있는 날이 오기를 바라본다. 남과 북의 경계가 더 이상 총과 철책이 아니라 바람과 나무와 물결이 되기를.

화진포의 성은 말없이 그 모든 시간을 품고 오늘도 바람 앞에 서 있다.

황토 돛배 타고 백제 여행

백마강 물결 위로 황포돛배가 미끄러지듯 앞으로 나아간다. 물의 결을 따라, 시간의 결을 거슬러 나는 천오백 년 전으로 향한다.

이 여행은 단순한 유람이 아니다. 과거로의 역주행, 마음 깊은 곳으로 흘러드는 시간의 귀환이다.

유월 햇살은 가볍게 이마를 두드리고, 강바람은 고요히 뺨을 어루만진다. 부여는 나의 고향, 그 이름만으로도 가슴 한 자락이 젖는다. 어린 시절의 내가 그곳 어딘가에 여전히 살아 있는 듯해, 돛배에 오르자마자 마음이 먼저 그 시절로 떠난다.

백마강, 백제의 젖줄이자 이름만으로도 왕조의 기운이 서려 있는 강. 그 물길을 따라 흘러가는 나의 시선은 점점 역사의 심연으로 침잠해 간다. 물결 위에 비치는 햇살이 마치 옛 왕국의 금빛 영광처럼 찬란하고, 그 사이사이 풀냄새는 내 추억을 불러내듯 은근하게 퍼진다.

돛배가 낙화암 아래로 다가간다. 절벽에 붉게 새겨진 "낙화암" 세 글자가 바람에 흔들리는 듯 눈에 들어온다. 그 이름 아래 숨겨진 슬픈 전설을 떠올리며 나는 조심스레 발을 디뎠다. 곧장 고란사로 향했다. 절벽 끝자락, 강물과 맞닿은 그 절은 삼천궁녀의 절개를 기리는 자리. 마시면 젊어진다는 전설의 약숫물을 세 번 떠서 마셨다. 몸보다 마음이 먼저 젊어진 기분이었다.

고란사 종소리가 바람을 타고 가슴 깊숙이 스며든다. 어쩌면 오늘따라 더 구슬프게 들리는 것은, 그 울림 속에 나라 잃은 백제의 슬픔이 함께 있기 때문일까.

백화정에 앉아 흘러간 시간을 잠시 품는다. 삼천궁녀가 몸을 던졌다는 낙화암 절벽을 바라보며 스스로에게 묻는다.

나에게도 그만한 절개가 있을까?

부소산성의 나무들이 하나같이 장군의 형상처럼 보인다. 뿌리 깊은 그들의 자세 속에 나라를 지키려던 마지막 몸부림이 서려 있는 듯하다. 그리고 떠오른 이름, 의자왕. 그는 왕위에 오르기 전에는 효심 깊고 형제애가 두터운 인물이었다 한다. 즉위 초, 개혁에 힘쓰고 백제의 영토를 넓히던 그의 모습은 분명 백제의 희망이었을 것이다. 그러나 역사의 갈피는 언제나 완전하지 않다. 승자가 기록하고, 패자는 침묵한다.

의자왕 몰락과 삼천궁녀 전설이 과연 모두 진실일까?

황포돛배는 여전히 조용히 흐르고, 나는 그 위에서 백제인이 되어본다. 사비성의 마지막 여름, 항복의 날을 상상해 본다.

그날 강물은 얼마나 뜨겁고 아팠을까?

시간이 한 겹, 또 한 겹 벗겨질수록 백제는 멀어지지 않고 더 가까이 다가왔다.

황포돛배를 타고 거슬러 올라간 하루, 나는 단순히 과거를 본 것이 아니라 잊힌 영혼들의 숨결과 마주했다. 다시 현실로 돌아오는 길, 나는 되묻는다.

역사는 과연 누구의 이야기였을까?

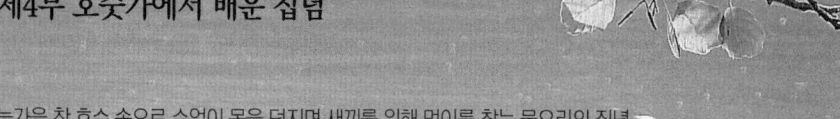

제4부 호숫가에서 배운 집념

늦가을 찬 호수 속으로 수없이 몸을 던지며 새끼를 위해 먹이를 찾는 물오리의 집념.

목숨까지 걸고 조국을 위해 의로운 일을 감행한 한 젊은 독립운동가의 집념.

두 집념의 무게는 다르지만, 마음속 울림은 같았다.

호숫가에서 배운 집념

서울대공원이라 하면 대부분 동물원만 떠올린다. 하지만 그곳에는 동물원만 있는 게 아니다. 대공원 입구에는 조용한 작은 호수가 있다. 호수 위로는 리프트가 사람들을 실어 나르고, 멀리 청계산까지 배경으로 서 있으니, 마치 한 폭의 수채화를 닮은 풍경이다. 봄이면 벚꽃이 흐드러지게 피고, 오뉴월 장미정원엔 붉은 장미가 만발한다. 그래서 봄 소풍지로도 손색이 없다.

나는 언젠가 늦가을, 그 작은 호숫가를 걸었다. 호수 주위를 천천히 돌아보다 벤치에 앉아, 스산한 가을의 정취를 느꼈다. 그날따라 바람은 쌀쌀했고, 호수도 텅 빈 듯 적막했다. 한 젊은이도 나처럼 벤치에 앉아, 황량한 호수를 말없이 바라보고 있었다.

호수 한가운데서 물오리 한 마리가 부지런히 자맥질하고 있다. 여러 번 물속을 들락날락하지만, 고기를 물고 나오지는 못했다. 그 모습을 호숫가에 작은 물오리 한 마리가 가만히 바라보고 있었다. 새끼 오리인 거 같다. 어미가 먹이를 물어다 주기만을 기다리고 있는 듯 보였다.

지금도 이렇게 고기 잡기가 어려운데, 겨울이 되어 호수가 얼고 눈까지 내리면, 저 물오리는 무엇을 먹고 살까?

괜한 걱정이 마음을 두드렸다. 나도 모르게 어미 물오리가 이번에는 꼭 고기를 잡아 나오길 기대하며 바라보았다. 어미 오리의 끈질긴 자맥질을 보며, 새끼를 위한 그 집념에 마음이 숙연해졌다. 분명히 어미는 언젠가 먹이를 구할 것이다. 물오리의 먹이사냥은 그렇게 내 마음속에 작은 여운을 남기고 끝났다.

호수를 돌아, 대공원 둘레길로 걸음을 옮겼다. 동물원 입구 쪽 작은 숲을 지나는데, 세 개의 동상이 보였다. 처음엔 그냥 지나치려다가 문득 발길을 멈추고 동상 앞에 적힌 글귀를 읽었다. 그중 하나, 나는 이름조차 처음 듣는 분의 동상을 보았다. 바로 조명하 독립운동가였다.

그는 대만에서 독립운동을 하다가 일본군 대장 히로히토 천황의 장인을 칼로 찔렀다고 한다. 바로 붙잡혀, 스물네 살 꽃다운 나이에 목숨을 잃었다.

나는 그제야 대만의 역사를 떠올렸다. 청일전쟁의 패배로 청나라가 일본에 넘긴 땅, 대만. 그 일본의 땅에서, 우리나라 독립을 위해 목숨을 건 투쟁을 하다니.

그게 어찌 보통 사람의 의지로 가능한 일이었을까.

조명하라는 이름을 나는 오늘에서야 알았다. 알고 보니, 내가 모르는 독립운동가가 얼마나 많을지 아득해진다. 그분들의 숭고한 뜻을 생각하며 나는 괜히 고개가 숙여졌다.

서울대공원 앞 작은 호수 둘레길을 걸으며 생각지도 못한 두 가지의 집념을 보았다. 하나는, 늦가을 찬 호수 속으로 수없이 몸을 던지며 새끼를 위해 먹이를 찾는 물오리의 집념. 다른 하나는, 목숨까지 걸고 조국을 위해 의로운 일을 감행한 한 젊은 독립운동가의 집념이다. 두 집념의 무게는 다르지만, 마음속 울림은 같았다.

누군가를 위해 자신을 던지는 삶. 그런 삶이야말로 진짜 집념의 길이 아닐까.

호수를 등지고 돌아서며 문득 나 자신에게 묻는다.

나는 무엇에 그만한 집념을 걸어본 적이 있었던가?

이제부터라도, 흔한 하루를 그냥 흘려보내지 않고 작은 일이라도 한 번 더 마음을 다해 살아내야겠다. 그게 오늘 내가 숙지한 집념의 시작일 테니.

고향 가는 길

올해도 설 지나고 아버지의 생신이 다가왔다. 나는 이른 새벽에 일어나 고향으로 향했다. 설 명절이 좀 지나서 그런지, 고속도로가 한결 여유로웠다. 서울에서 바쁜 일상을 뒤로하고 모처럼 부부가 함께 긴 여정을 나서니 창밖으로 스치는 풍경마저 마음을 들뜨게 한다.

차창 너머로는 고층 빌딩들이 하나둘 자취를 감추고, 대신 넓게 펼쳐진 들판과 푸른 산이 모습을 드러낸다. 길가 나무들은 하얀 눈꽃을 피운 듯, 침묵 속에 서 있었고 이팝나무가 만개한 듯한 풍경은 겨울의 정취를 더한다. 초록과 흰색이 어우러진 모습은 한 폭의 산수화 같고 고향을 가로지르는 금강 물줄기는 눈부신 햇살을 머금은 채 반짝이며 유유히 흐르고 있다.

차창 밖으로 펼쳐지는 자연의 풍경에 마음이 절로 푸근하다.

고향 가는 길은 언제나 즐겁고 설레는 길이다. 그 까닭은 그곳이 어머니의 품과같은 안식처이자 유년의 추억을 간직한 고향이기 때문이다. 호숫가에 부서지는 햇살은 반짝이고, 바람에 몸을 맡긴 나무들은 한들한들 춤을 춘다. 그 모습을 바라보고 있노라니, 내 어린 시절이 떠오른다. 맨발로 흙길을 달리던 기억, 개울가에서 친구들과 물장구치던 순간들, 마당 가득 울리던 할머니의 부드러운 음성이 귓가에 맴돈다.

지금은 매끈한 아스팔트 도로가 뻗어있지만, 한때 이 길은 자갈이 깔린 신작로였다. 버스 한 대만 지나가도 흙먼지가 풀풀 날렸고, 길가에는 플라타너스 나무와 코스모스가 어우러져 있었다.

그 시절에는 미처 알지 못했던 풍경의 정취가 이제는 얼마나 아름다운 것이었는지 새삼 깨닫게 된다. 도시가 편리함을 준다면 고향길은 달릴 때마다 자연이 주는 안식을 되새기게 한다.

익숙한 풍경 속에서도 변화를 피할 수는 없었다. 오랜 세월을 함께했던 동네가 서서히 사라지고 있었고 부여는 백제의 옛 도읍지라서, 땅을 파면 유물이 나오곤 한다. 그래서 집들이 하나둘 헐리며 주민들은 보상을 받아 이주를 준비하고 있다. 아버지가 정년퇴직 후 지은 쾌적한 이층집도 예외가 아니어서 머지않아 철거될 운명에 놓여있다. 이주한 집터에서 발굴된 유물들, 커다란 돌덩이들이 쌓여 있는 광경은 과거와 현재가 겹치는 풍경처럼 보였다.

어린 시절 뛰놀던 공터에도 더 이상 아이들의 웃음소리는 들리지 않는다. 그곳은 언젠가 한 가족의 장례 행렬이 잠시 머물렀던 자리이기도 하다. 어린 남매가 아버지의 상여를 붙들고 오열하던 모습이 아직도 선명하게 떠오른다. 어린 마음에도 함께 엉엉 울었던 기억은 세월이 흘러도 잊히지 않는다.

그렇게 세월은 흘러가고, 어릴 적 풍경은 점점 흐릿해져 가지만 마을 어귀의 고목처럼 아버지는 여전히 그 자리에 서 계셨다. 예전처럼 날렵하던 모습은 아니지만, 세월의 흔적을 품은 채 꿋꿋이 살아계신다는 사실만으로도 감사할 뿐이다.

앞으로 몇 번이나 이 길을 달려 아버지를 뵐 수 있을까?
문득 스쳐 간 생각에 가슴 한쪽이 아려왔다. 그러나 고향 가는 길은 언제나 엄마처럼 나를 품어준다. 낯설어져 가는 풍경과 변해가는 시간 속에서도, 이 길은 나에게 쉼과 위로를 줄 것이다. 그리고 차창 너머로 스쳐가는 들판과 강물, 바람에 흔들리는 나무들은 다시금 내 마음을 평온하게 만든다. 고향은 그렇게 오늘도 나를 기다리고 있었다.

까치 느티나무

아침이 한결 느슨한 날이면 나는 집 근처 양재천 산책길로 향한다. 그렇게 걷는 일이, 은퇴 후의 나의 하루를 채우는 일이 되어버렸다.

양재천은 1970년대 강남개발과 함께 정비된 도심하천이다. 그 옆에는 개발 당시 심어진 수양벚나무, 버드나무, 느티나무가 사계절 옷을 갈아입으며 서 있다. 봄이면 벚꽃이 물결처럼 늘어지고, 여름이면 백일홍과 양귀비가 물감을 뿌린 듯 피어난다.

가을에는 허수아비가 논을 지키는데, 자세히 들여다보면 빈 깡통 같은 내 모습이 겹친다. 은퇴 이후 하루 일들처럼 채우려 해도 좀처럼 채워지지 않는다.

겨울이 오면 나무들은 벌거벗은 나목이 된다. 그때면 오히려 주름 깊은 고목들이 눈길을 잡아끈다.

양재천의 많은 고목 가운데 내 마음을 오래 붙잡는 나무가 하나 있다. 나는 그 나무를 '까치 느티나무'라 부른다. 가지마다 까치가 많이 앉아 있고, 다가가기라도 하면 반갑다는 듯 까악, 까악, 소리를 내뱉는다. 그 모습이 어린 시절 마을 어귀 느티나무와 그 위의 까치 떼를 떠올리게 한다.

고향 마을 어귀에는 물막이 방죽이 있었고, 둘레에는 늙은 느티나무들이 숲을 이루고 있었다. 나이로 치면 백 년은 훌쩍 넘었을 그 나무들. 어떤 나무는 가지가 두어 개뿐인데도, 몸통이 아이 둘을 감출 만큼 굵었다. 여름이면 매미 울음 속에서 조약돌로 공기놀이를 하고. 겨울이면 얼음판 위에서 썰매를 탔다. 매미, 잠자리, 방아깨비, 사마귀를 잡아 곤충채집 숙제를 하던 여름방학. 별이 총총한 여름밤이면 느티나무 가지마다 별꽃이 피어 있는 듯 보였다.

느티나무 그늘은 어른들의 마당이었다. 삶아온 감자와 옥수수를 나누며 웃고, 때로는 시원한 바람 속에서 깊은 낮잠을 잤다. 모두가 친척 같은 시절, 서로의 사정을 너무도 잘 알고 지내던 그 마을 사람들, 그러나 이제 그 어른들은 하나둘 고목이 되어 세상을 떠났다. 아이였던 우리도 세월 속에서 서서히 나이테를 키워가고 있다.

옛날엔 마을마다 서 있던 느티나무는 단순한 나무가 아니라 수호신 같은 존재였다. 사람들의 쉼터이자 모임터, 삶의 숨이 이어지는 중심이었다. 그래서일까. 양재천 까치 느티나무를 마주할 때면, 가슴속에 오래 잠들어 있던 새싹이 다시 돋아나는 기분이 든다.

느티나무 곁엔 이따금 옹이가 박혀 있다. 세월의 비바람과 번개를 스스로 견디며 남긴 흔적이다. 내 어머니의 손도 그러했다. 굽고 마디진 손마디마다 살아낸 세월이 새겨져 있었다. 한때는 잎이 무성한 젊은 시절이 있었지만, 결국 그늘이 되어 자식들을 감싸주었다.

고향의 느티나무가 있던 자리는 이제 도시화로 현대식 건물과 주택들이 줄지어 서 있다. 그 자리를 지키던 고목은 흔적도 없이 사라졌다. 그런데도 나는 그 느티나무를 잊지 못한다. 아니, 어쩌면 나무는 여전히 내 안에 서 있다. 세월이 사람을 늙게 하듯, 나무도 늙는다. 그러나 고목의 나이테에는 견뎌낸 날들의 무게와 온기가 함께 스민다.

양재천의 까치 느티나무를 볼 때마다 나는 다짐한다.
내 모습도 그 나무처럼, 누군가에게 그늘이자 기억이 되기를,
한 그루의 나무로 남기를.

김장 담그던 어머니 손길

어느새 발끝이 초겨울 문턱에 걸린다. 대형마트로 장 보러 갔다. 사람들의 숨결이 복도마다 걸려있다. 절임배추가 산처럼 쌓였고, 새우젓은 바다 냄새를 품은 채 나를 기다리고 있었다. 붉은 고춧가루 봉투들이 줄지어 서 있는 코너에는 겨울 문 앞에서 줄 선 사람들 같았다.

그 풍경을 보니, 오래전 어머니의 발소리가 떠올랐다. 부엌과 마당을 동동거리던 발걸음, 김장이라는 계절 의식이 시작되던 날이었다.

김치는 겨울을 이기는 붉은 갑옷이었다. 배추가 소금물에 잠겨 하룻밤 숨을 죽이는 동안, 마당 한쪽에서는 무를 깨끗이 닦아서 소쿠리에 담아 놓았다. 그 무를 길쭉하게 쪼개 한입 베어 물면, 입안에 서리가 녹는 듯 달고 시원했다. 나에겐 잔칫날이었지만 어머니에겐 허리를 굽히고 손끝을 재촉해야 하는 긴 하루였다.

이튿날 새벽 김이 모락모락 마당을 감쌀 때, 어머니는 절인 배추를 씻어 물기를 털었다. 잠시 뒷동네 아주머니들이 앞치마를 두르고 모여들었다. 배춧잎을 한 장씩 젖히며 양념을 넣는 손길은 바람결처럼 분주했다. 그 곁을 맴돌다 보면 아주머니가 갓 버무린 이파리를 뚝 떼어내 입에 넣어주었다. 그 따뜻한 짠맛과 매운맛은 겨울이 시작한다는 신호였다.

점심이면 돼지고기 삶는 냄새가 김장 마당을 덮었다. 갓 담근 겉절이를 돼지고기에 올려 먹으면 그건 연중 단 한 번만 맛볼 수 있는 보쌈정식이었다. 아버지는 땅속 깊이 장독을 묻었다. 어머니는 그 속에 김치를 차곡차곡 눕혔다. 땅속의 겨울은 김치를 천천히, 확실히 익혔다.

김장을 마치고 나면, 어머니는 따로 담아둔 갓 버무린 겉절이를 그릇에 담았다. 고춧가루가 배춧잎 사이사이에 번져 붉은 숨결을 내뿜었다. 우리는 그릇마다 비닐로 덮고, 따뜻한 수건으로 감싸 이웃집에 들고 갔다.

골목길마다 문이 열리고 "올해도 수고 했네요." 인사가 오갔다.

한 접시 겉절이에는 양념보다 진한 마음이 묻어 있었고, 그 마음이 골목을 따라 퍼져갔다. 받은 집에서는 또 따끈한 군고구마나 막 부친 부침개를 내어주기도 했다. 그렇게 김장 날은 김치 맛뿐 아니라, 사람 냄새와 온기가 함께 익어가던 날이었다.

이웃집 문을 닫고 돌아오는 길, 골목에는 김치 양념 냄새가 은은히 흘렀다. 장독대 뚜껑은 단단히 닫히고, 우리 집 마당에도 겨울이 준비되어 있었다.

그 겨울맞이 풍경은 매년 똑같이 이어질 것만 같았지만, 지금은 김치 냉장고가 그 일을 대신한다. 절인 배추를 사고 담근 김치를 사는 세상, 편리함은 많아졌지만, 그때의 겨울 준비는 사라졌다. 예전엔 김장과 함께 연탄도 쌓아두었다. 창고에 연탄이 가득하면 어머니의 마음도 든든함으로 가득 찼을 것이다.

고향 집 장독대 뚜껑은 여전히 햇살에 반짝인다. 그러나 그 앞에 서서 수건을 두르고 배추를 쟁이던 어머니는 이제, 기억 속에서만 손을 놀린다. 김장철이 오면 나는 마트의 절임배추 앞에서 한참을 서 있다.

그것은 배추가 아니라

내 어린 날 마당 가득 번지던 어머니의 숨결,

그리고 골목마다 퍼지던 따끈한 인정을 다시 보는 것 같다.

달걀 한 알의 기억

집 근처 마트에 들렀다. 달걀코너에서 한참을 서성였다. 왕란, 한방란, 목초란, 유정란, 무정란, 자연란 등 이름도 가지가지다. 나는 늘 그렇듯 왕란을 집어들었다. 다들 맛은 비슷하지만, 큰 달걀이 요리하기에 편해서다. 프라이도 하고, 달걀찜도 하고, 때로는 달걀말이도 한다.

달걀을 손에 들고 한참을 들여다보다가, 어머니의 양계장이 떠올랐다. 그 옛날 우리 오 남매를 키우고 공부시키려면, 교사로 재직했던 아버지 혼자서는 역부족이었을 거다. 그래서 어머니는 양계장을 시작하였다. 문간방에서 병아리를 키우셨다. 나는 작고 노란 병아리들이 삐 약 거리며, 어미 닭으로 자라는 모습을 매일 지켜보았다. 친구들과 놀다가도 삐약이는 소리가 귓가를 스치면, 어느새 발길은 집을 향하고 있었다.

병아리는 6개월쯤 지나면 어미닭이 되고, 7~8개월 되면 알을 낳기 시작한다. 그 무렵 아버지는 앞마당에 큰 닭장을 지어 주었다. 천정과 바닥 사이에는 각목을 엮어 못으로 고정을 해 두었는데, 그 덕에 닭장은 늘 말끔했다. 닭들이 머리를 내밀고 모이를 쪼아 먹는 모습은 마치 영화의 한 장면을 보는 듯하였다.

닭똥은 각목 사이로 떨어져 바닥에 쌓였고. 어머니는 그것을 모아 버섯농장에 거름으로 팔았다. 달걀은 하루에도 몇 번씩 둥지에서 꺼내었다. 일주일이면 큰 플라스틱 통 하나가 수북이 찼다. 그러면 달걀 장사가 큰 트럭을 몰고 와 실어갔다.

닭 키우는 일은 어머니의 몫이 제일 컸지만, 우리 오 남매도 각자의 방식으로 도왔다. 오빠와 남동생은 개구리를 잡아 닭 먹이로 주었고, 나는 아카시아 잎을 소쿠리에 한가득 훑어다 모이에 섞었다. 시장 단골 채소가게 아주머니도 배춧잎을 따로 모아 주었다.

그렇게 모은 정성 덕분이었을까. 우리 집 닭들은 달걀을 잘도 낳았다. 어머니는 가끔, 삶은 개구리 뒷다리를 소금에 찍어 내 입에 넣어주었다. 고소하고 짭 짤 한 그 맛이 아직도 혀끝에 남아있는 것 같다. 달걀도 자주 삶아 주셨다.

양은 냄비에 달걀을 건네주시던 어머니의 손길이 떠오른다.

그 시절 달걀은 귀한 음식이었지만 우리 집에서는 흔한 반찬이었다. 학교 갈 때 도시락 반찬으로 달걀 조림을 싸 가면 친구들의 부러움을 샀다. 달걀을 팔아 닭 사료를 사고, 남은 돈은 우리의 학비가 되었다.

새벽마다 어머니는 닭장으로 향하였다. 어둠 속에서도 어머니를 알아보는 닭들은 머리를 내밀며 반겼다. 달걀이 하나둘 쌓이는 모습을 보며, 나는 마음이 넉넉해졌다. 그 시절 양계장은 내 놀이터였고 닭이 자라는 모습을 바라보며 나도 모르게 꿈을 키웠다. 달걀이 쌓일수록 내 마음에도 여유가 생기고 영혼은 한결 가벼워졌다.

이제 고향 집은 이층 양옥으로 변했고, 닭장이 있던 앞마당은 잔디밭이 되었다. 그곳을 천천히 걷노라면 그 시절의 닭장과 삐 약 거리던 병아리들, 그리고 늘 미소를 잃지 않던 어머니의 모습이 선연히 떠오른다.

화단 가득 피어난 국화꽃을 바라보며 문득 떠오른다. 닭 모이를 주시던 어머니의 환한 웃음, 고단함을 잊은 채 하루를 열던 새벽의 발걸음. 어머니의 양계장과 함께 키운 나의 어린 꿈들은, 이제 인생의 가장 따뜻한 자산이 되었다.

삶의 한 바퀴를 돌아온 나도,
그때의 달걀 한 알처럼 작은 여백에
풍성하고 따뜻한 음표 하나하나 천천히 정성껏 채워가고 싶다.

벚꽃 속에 다시 피어난 삶

찬바람에 온기가 들자, 벚꽃이 흐드러지게 피기 시작한다. 봄이 문턱에 다가오면 어디든 떠나고 싶다. 벚꽃이 피면 봄은 확실히 온 것이다. 예전에는 진해 군항제의 벚꽃축제에 인파가 많이 몰려들었다. 요즘은 동네 하천 변에도 벚나무가 줄지어 심어져 있어 그 자체로 작은 축제다.

가까운 일본 역시 4월 초가 되면 온 나라가 벚꽃으로 물든다. 특히 오사카엔 왕벚꽃도 피어나니 말 그대로 벚꽃 천국이다. 그 유혹을 이기지 못해 남편과 함께 인천공항으로 향했다.

공항버스가 올림픽대로를 따라 달릴 때 유리창 너머로 서울의 봄이 펼쳐졌다. 한강은 잔잔한 물결 위에 벚꽃을 실어 나르고 있었다. 공항이 가까워지자 바다가 시야에 들어왔다. 창백한 하늘빛이 부서지는 파도와 맞닿은 그 경계에서, 마음이 문득 멈춰 섰다.

이렇게 아름다운 서울의 봄을 두고 왜 일본으로 떠나는 걸까?

이 순간 가장 그리운 곳은 서울일지도 모른다. 비가 내리기 시작했다. 창에 맺힌 빗방울이 조용히 흘러내렸다. 흐릿한 창문 너머로 바라보이는 바닷가 풍경이 봄의 서정과 잘 어울린다고 생각했다.

간사이공항에 도착하니 오사카에도 봄비가 내린다. 벚꽃이 피는 계절, 비바람에 꽃잎은 연분홍 눈처럼 땅 위에 소복이 쌓여 있다. 오사카의 봄도 그렇게 익어가고 있었다.

이튿날 오사카성을 걸었다. 흐드러져 있던 벚꽃이 서서히 지기 시작하는 것 같았다. 그리고 왕벚꽃이 피어나고 있었다. 성안에 들어서자, 특유의 푸른 기와와 웅장한 돌담이 눈앞에 펼쳐졌다. 역사의 무게를 견디고 굳건히 서 있는 모습은 꽃잎 흩날리는 풍경 속에서도 존재감을 드러냈다. 봄비에 젖은 성곽은 회백색으로 빛났고 그 위를 분홍빛 왕벚꽃이 부드럽게 감싸안고 있었다.

제주도 한라산이 고향인 왕벚꽃은 보통 벚꽃보다 꽃잎이 더 크고 풍성하다. 바람에 흔들릴 때마다 마치 작은 구름이 내려앉는 것 같았다. 성을 배경으로 피어난 벚꽃들은 찰나의 아름다움을 영원처럼 느껴지게 했다. 나도 모르게 걸음을 멈추고 한참 동안 바라보았다.

어쩌면 이 순간을 맞이하려고 이 여행을 왔는지도 모르겠다.

이 풍경은, 내 마음 깊은 곳에 오래도록 남아있을 봄의 한 장면이 될 것이라는 예감이 들었다.

오사카에서 하루를 지내고 고베로 향했다. 바닷바람이 부드럽게 스치는 고베는 또 다른 분위기였다. 잘 정돈된 거리, 붉은 포트타워, 그리고 항구를 따라 늘어선 야자수 같은 나무들이 이국적 정취를 더했다. 하지만 그 아름다운 광경 속엔 결코 지울 수 없는 상처가 숨겨져 있었다.

1995년 1월 17일 고베, 아침이 채 밝기 전 대지는 울부짖었다. 아스팔트 도로는 종잇장처럼 구겨졌고, 고베항은 몇 초 만에 무너져 내렸다. 가옥들은 산산조각났고 6천 명이 넘는 사람이 생명을 잃었다.

고베항에는 당시 무너진 방파제 일부가 그대로 보존되어 있었다. 갈라진 지면과 찌그러진 철제 구조물도 그날의 충격을 말없이 증언하고 있다. 지금은 평온하게 출렁이는 바다지만 그 아래로 수많은 이야기가 묻혀 있다. 햇살이 부두 위에 부드럽게 내려앉고 바다는 잔잔했다. 평온한 풍경이었지만 그 정적 속에 시간이 감추지 못한 상처가 숨 쉬고 있었다.

바닷가 한켠엔 조각난 돌들이 가지런히 놓여있었다. 고베는 지진의 잔해를 그대로 보존하고 있었다.

고통의 기억을 지우는 대신 있는 그대로 보존하고 있었다. 무너진 고속도로, 붕괴된 건물, 그리고 남겨진 이들의 눈물, 그 모든 조각이 이 돌들 속에 담겨 있었다. 시간이 흘러도 지워지지 않는 감정이 바위틈 사이로 흐르고 있었다.

파도는 마치 그 상처를 조심스럽게 어루만지듯 다가왔다.

무너졌던 자리가 다시 숨쉬기까지 얼마나 많은 눈물과 시간이 필요했을까?

상처가 지나간 자리 그 주변은 이젠 주상복합 같은 높은 건물이 우뚝 서서 처절했던 흔적을 지우고 있었다. 고베의 풍경이 봄날 벚꽃의 덧없음과도 묘하게 닮아있다는 생각이 들었다. 아름다움은 유한하고 삶은 그 유한함 위에 피어난다. 문득 언덕 위로 끝없이 바위를 밀어 올리는 시시포스 이야기가 떠올랐다.

여행이란 결국 낯선 풍경 속에서 나 자신을 찾는 일일지도 모른다.

벚꽃 아래서, 오사카성 앞에서, 지진을 겪은 고베에서

나는 삶의 기억을 마주하고 있었다.

상처를 품은 채 묵묵히 삶을 이어가는 모습이 내게는 진정한 회복이었다.

붕어빵에 추억을 굽다

아파트 단지 내에 붕어빵 포장마차가 새로 생겼다. 고소한 빵 굽는 냄새가 바람을 타고 골목 사이사이를 스며든다. 커뮤니티 센터 앞 천막 안에서는 붕어빵이 노릇노릇 익어가고, 그 앞에는 붕어빵을 기다리는 사람들의 줄이 길게 이어져 있다. 추운 날씨에도 붕어빵을 향한 그 기다림에는 따뜻한 추억의 향이 배어 있는 듯했다. 갓 구워낸 붕어빵은 바삭한 껍질 아래 따뜻한 속살을 품고, 한입 베어 물면 잊고 지냈던 시간의 온기가 되살아난다.

시장에서는 집까지 오는 동안 식어버려 그 바삭함이 덜하지만, 단지 안 붕어빵은 바로 입안으로 들어온다. 게다가 주민을 위한 행사라 값도 시중의 절반이라니, 사람들이 긴 줄을 서는 것도 이해가 갔다.

잠시 그 앞을 서성이다 발걸음을 멈췄다. 한 봉지 사고 싶었지만, 긴 줄보다는 그 냄새 속에 묻어나는 추억의 온기가 이미 내 마음을 채워주고 있었다.

붕어빵은 언제나 어린 시절의 추억을 부르는 간식이다.

줄을 서서 붕어빵을 사는 사람들도, 어쩌면 저마다의 시간을 다시 굽고 있는 건 아닐까?

문득 그런 생각이 들었다.

겨울이 오면 차가운 바람 속에서도 마음을 데워주던 추억의 간식들이 떠오른다. 학창 시절, 학교가 끝나면 친구들과 함께 골목길을 누비며 작은 포장마차를 찾곤 했다. 김이 모락모락 피어오르는 어묵 국물 냄새는 우리를 불러세웠고, 종이컵에 담긴 국물을 한 모금 마시면 얼어붙은 손끝까지 녹아내리는 듯했다.

조금 더 걸어가면 호떡 굽는 냄새가 퍼져왔다. 설탕이 가득 들어간 호떡을 한입 베어 물면, 뜨거운 시럽이 혀끝에서 번져나가며 추위가 사라졌다. 그 옆에서는 붕어빵이 철판 위에서 노릇하게 익어가고 있었다. 바삭한 겉과 부드러운 팥앙금이 어우러진 그 맛은, 겨울을 기다리게 만드는 이유였다.

분식집 앞에는 언제나 사람들이 모여 있었다. 김이 모락모락 나는 순대 한 점, 떡볶이 한 젓가락은 단순한 음식이 아니라 하루의 피로를 녹이는 작은 위로였다. 그렇게 작고 따뜻한 풍경들이 우리의 일상을 채워주었다.

아파트에서 붕어빵 굽는 냄새를 맡으니, 교복 깃에 떡볶이 국물이 튀던 그 시절이 새록새록 떠오른다. 먹는 데 정신이 팔려 흰 카라가 붉게 물든 줄도 몰랐고, 친구들과 깔깔대며 웃던 시간은 세월이 흘러도 여전히 생생하다. 아무리 비누로 빨아도 지워지지 않던 그 얼룩처럼, 그때의 추억도 쉽게 희미해지지 않는다.

이제는 어른이 되어 바쁜 하루를 살아가지만, 가끔은 그 시절의 소박한 간식들이 그리워진다. 추운 겨울날 길거리에서 맛보았던 따뜻한 간식들은 단순한 먹거리가 아니었다. 그것은 마음의 불씨였고, 친구들과의 웃음이 담긴 작은 시간의 저장소였다.

요즘은 긴 줄 대신, 휴대폰 앱으로 붕어빵을 예약 주문하있는 세상이다. 하지만 화면 속 숫자보다 여전히 내 마음을 설레게 하는 건, 김이 모락모락 피어오르는 그 풍경이다. 뜨거운 붕어빵을 한입 베어 물면, 그 속에서 친구들의 웃음소리와 겨울밤의 추억이 다시 피어난다.

나이 들수록 우리는 추억을 먹고 산다고들 한다.

생각하면, 내 인생의 가장 따뜻한 순간들도 언제나 그렇게 노릇하게 구워진 추억의 냄새 속에 있었다.

아버지의 붕어낚시

해 질 무렵, 따스한 봄빛이 한강에 내려앉는다.

뚝섬유원지 산책길을 따라 걷다 보면, 물가에는 낚싯대를 드리운 어르신들의 실루엣이 하나둘씩 드러난다. 강물 위를 스치는 요트, 노 젓는 젊은 연인들의 잔물결 넘어 한 어르신이 어망 속 붕어를 바라보고 있다.

단 한 마리, 작은 비늘 하나로도 충분한 황혼의 사색.

그 곁에서는 누군가 방금 잡은 큰 붕어를 다시 강물로 풀어준다. 잡았으되 놓아주는 손길, 그것은 낚시라기보다 어떤 관조처럼 보였다. 문득, 그 조용한 손짓에서 내 유년의 어느 날이 튀어 오른다.

강가에 앉아 낚시하던 나의 아버지.

아버지는 붕어를 참 좋아하셨다. 잡는 것도, 기다리는 것도 낚싯대 너머의 시간까지도. 낚시 전날이면 아버지는 뒤꼍에서 지렁이를 캐고, 떡밥을 빚었다. 그 손은 교단에서 분필을 잡던 손이기도 했지만, 주말이면 낚싯대를 들고 동네 저수지를 향하는 낚시꾼의 손이 되었다.

아버지의 낚시는 단순한 취미가 아니었다. 때로는 밤을 새우고, 바람 부는 겨울만 잠시 멈추던 열정. 아버지의 그 열정은 오빠와 동생에게도 고스란히 옮겨붙어, 지금도 그들은 물가에서 시간을 낚는다.

어느 날, 낚시를 마치고 돌아오던 아버지와 오빠가 탄 배가 뒤집힐 뻔한 일이 있었다. 어머니는 그날 이후 낚시를 말렸지만, 아버지는 다시 낚싯대를 들고 나가셨다. 아마도 낚시는 아버지에게 물고기를 낚는 일이 아니라, 삶의 무게를 덜어내는 일이었는지도 모른다.

집으로 돌아오면 어머니의 일이 시작됐다. 비린내 나는 옷가지, 붕어 손질, 물에 배인 비늘들. 세탁기도 없던 시절, 손빨래하면서도 어머니는 불평하지 않으셨다. 붕어찜 냄새가 부엌에 퍼지면 가족은 자연스레 한 자리에 모였다. 빠가사리, 붕어, 메기, 잉어, 뱀장어까지 민물고기 하나하나에 이야기가 묻어 있었다.

나는 낚시보다는 그 곁의 들판이 더 좋았다. 쑥을 캐고, 진달래 꽃잎을 따고, 돌멩이 밑 다슬기를 주워 담던 시간. 하지만 아버지는 그런 내 관심에는 별로 귀 기울이지 않으셨다. 그의 시선은 찌 하나에 고정되어 있었고, 물결 아래 울리는 기적에만 온 신경이 곤두서 있었다.

아버지가 붕어를 많이 잡던 해엔, 어머니는 붕어를 말려두었다가 겨울에 튀겨주셨다. 그 고소한 붕어 튀김은 내 봄 소풍 도시락의 주인공이 되었다. 친구들은 내가 펴기도 전에 붕어 튀김을 집어 갔고, 나는 맛도 보지 못한 채 도시락을 닫았지만, 왠지 기분은 좋았다.

지금 생각하면 아버지의 낚시는 단순한 여가가 아니었다. 그가 낚은 것은 물고기만이 아니었을 것이다. 가족이 함께 나눈 밥상, 아이들의 웃음, 부지런한 아내의 손길, 그리고 그 모든 것에 스며든 정. 어머니는 묵묵히 빨래하고, 손질하며 아버지의 기쁨을 지지했다. 그 사랑을 아버지는 물가에서 조용히 풀어놓았던 것이다.

낚싯대 끝에서 찌는 고요히 떠오르고, 그 순간에도 아버지는 물비늘 아래서 우리의 삶을, 가족의 시간을 건져 올리고 있었던 거다.

아버지의 붕어낚시는 가족을 위한 은밀한 헌신이었고, 누구도 몰래 걸어둔 사랑의 미끼였다.

청어처럼 살리라

오랜만에 더위도 식힐 겸, 친구들과 점심을 먹으려고 교외로 나왔다. 북한강 주변은 신록이 짙게 물들어 있었고 햇살이 물결 위를 미끄러지듯 흘러내렸다. 그 빛은 마치 오래전 내 유년의 한 장면을 불러내려는 듯 강물 속으로 스며들고 있었다.

점심은 오리백숙이었다. 연기가 피어오르는 솥 안에서 부드럽게 익어가는 냄새가 식탁에 구수하게 번졌다. 몸은 뜨거운 국물로 풀리고 마음은 친구들의 웃음으로 풀렸다. 식사를 마치고 우리는 강가의 한 카페로 자리를 옮겼다.

요즘 교외에 나가면 카페가 유난히 많다. 커피 향과 빵 굽는 냄새가 뒤섞인 공간은 어느새 도시보다 더 세련된 쉼의 장소가 되었다.

우리가 들어선 강변 카페는 마치 그림 속 한 장면 같았다. 통유리 너머로 보이는 북한강은 잔잔히 흐르며, 초록빛 숲이 그 수면 위에 몸을 기대고 있었다. 커피잔을 손에 쥐고 창가에 앉자, 바람이 천천히 머리카락 사이를 스쳤다. 그 바람 속에서 오래전의 나, 철없이 웃던 한 소녀가 불쑥 고개를 들었다.

나는 여름방학이면 친구들과 함께 저수지로 향했다. 낡은 고무신을 질질 끌며 손에는 포충망 하나, 플라스틱 통 하나를 들고서. 숲은 그때 우리에게 세계의 전부였다. 그곳엔 비밀이 있었고, 신비가 있었고, 아직 이름 붙이지 못한 설렘이 있었다.

우리는 나무 그늘에서 숨바꼭질했고, 풀잎 사이에 숨어 있던 여치를 잡으며 시간을 잊었다. 가끔은 설익은 열매를 따 먹었지만, 그마저도 달콤했다. 그 시절의 숲은 단순한 자연이 아니라 어린 영혼의 놀이터이자 마음의 푸른 근원이었다.

지금 카페 창밖의 숲도 그때처럼 짙은 초록으로 물들어 있다. 나는 커피 한 모금을 입안에 머금는다. 씁쓸하면서도 부드러운 맛, 그것은 마치 지나온 세월의 향기 같다. 함께한 일행들과 고향 이야기를 주고받는다. 누구나 비슷한 추억 하나쯤은 갖고 있다. 수박, 참외, 딸기서리, 냇가의 가재, 숲속의 곤충채집. 그 모든 이야기는 서로의 기억 속에서 금세 살아 움직였다. 그때의 흙냄새, 맨발의 감촉, 저녁 종소리까지 모두 바람결에 흩날려 내 마음을 쓰다듬었다.

오늘 나들이는 단순한 휴식이 아니라 시간 저편으로의 작은 여행이었다. 유년의 낭만이 다시금 내 어깨에 내려앉았고, 친구들의 웃음 속에서 나는 세월의 흐름을 잊었다. 하지만 강물은 여전히 흘러간다. 그 물결을 바라보다가 문득 생각했다. 내 시간도 강물처럼 흘러가고 있구나.

이제는 조급하지 않게 흘러가는 대로 살아야겠다고 마음속으로 다짐했다. 누군가 말했다. "청어처럼 살리라." 처음에는 무슨 뜻인지 몰랐다. 푸른 등껍질로 반짝이며 거센 물살을 헤엄치는 청어의 모습은 나이 듦의 상징이 아니라 청춘의 또 다른 얼굴이었다. 80세부터 100세까지 청춘 어른으로 살아가는 일. 그것은 어쩌면 마음의 방향을 잃지 않는 것일지도 모른다.

나는 문득 어린 시절의 나를 떠올렸다. 저수지 숲속을 맨발로 뛰어다니며 세상 모든 것이 내 편이라 믿었던 그 아이. 그 아이가 바로 지금의 나를 지탱하는 뿌리였구나. 마음은 몸의 뿌리다. 뿌리가 시들면 꽃은 피지 못한다. 그러니 나는 내 마음을 푸른 설렘으로 적셔야겠다.

잔잔한 강물 위로 햇살이 부서진다. 그 빛이 내 마음에도 번져온다. 나는 속삭인다.

청어처럼 살리라.
언제까지나 푸른 마음으로 흐르되, 시들지 않으며.

여름의 합창

여름은 언제나 불청객처럼 불쑥 문을 밀고 들어선다. 연둣빛은 어느새 짙은 초록 그늘로 변하고 숲은 푸른 파도처럼 밀려든다. 태양이 뜨겁게 내려앉아 그늘마저 숨 가쁘게 하고 바람조차 무거워진다. 그 무더위 속에서 비로소 가치를 찾는 존재가 있다. 숲을 떨림으로 가득 채우는 매미다.

산책길에 들어서면 숲은 매미의 합창으로 진동한다. 7년 동안 땅속에서 묵묵히 견디다 여름을 위해 솟구치는 짧은 생명, 그 시간을 오로지 울음에 바치며 후손을 남기고 다시 흙으로 돌아간다. 그 울음은 인간에게는 단순한 소음일지 몰라도 매미에게는 절규이자 축제이다. 그 소리가 여름의 심장이 되어 숲을 흔들고 공기를 뜨겁게 진동시킨다.

매미 소리는 짧아도 오래 남는다. 문득 우리의 삶 또한 그와 다르지 않다고 생각한다. 사람은 매미보다 길게 살지만, 결국 남기는 것은 명예나 재산 같은 화려한 껍질이 아니라 타인의 마음에 심어놓은 사랑과 기억이다.

내게는 두 딸이 있다. 어린 시절 내 손을 잡고 매미 노래를 따라 부르던 아이들이 이젠 결혼하여 당당한 엄마가 되었다. 맞벌이의 바쁜 일상에서도 아이들을 삶의 중심에 놓고 가정을 지켜내고 있다.

두 사위는 묵묵히 자신의 자리를 지키며 든든한 기둥 역할을 한다. 말없이 흘리는 땀방울 속에서 오래된 숨은 뿌리처럼 가족을 떠받치는 힘을 발견하곤 한다.

손녀들은 또 다른 여름이다. 해맑은 웃음소리가 매미 울음처럼 크지는 않지만, 숲을 키울 씨앗을 품고 있다. 고사리 같은 손이 내 손을 끌어당길 때면 세월의 무게가 가벼워진다. 손녀 눈빛 속에 아직 열리지 않는 내일이 숨어 있음을 알기에 나는 또 다른 시간을 살아갈 희망을 품는다.

남편은 계절을 타고 흐르는 강물과 같다. 바뀌는 풍경에도 멈추지 않고 끝없이 흘러내려 나를 둘러싼 울타리가 되었다. 오늘 숲길에서 매미 소리를 편안하게 들을 수 있는 것도 그의 곁 그늘이 나를 햇볕에서 가려주었기 때문이다.

매미는 후손을 남기고, 사람은 후손과 더불어 사랑을 남긴다.

가족과 함께한 시간 속에서 내 삶의 울림이 이어지고 있음을 느낀다. 여름 숲을 흔드는 매미의 합창처럼 우리 가족의 웃음과 이야기도 세상 어딘가에 잔잔히 퍼져 가리라.

여름이 지나가면 매미 울음은 멈추고 애벌레는 침묵 속에서 땅속을 견디며 또 다른 여름을 준비한다. 사람의 삶 또한 그와 다르지 않다. 한 세대가 사라지면 또 다른 세대가 이어지고, 그 울림은 지속된다.

오늘도 숲길을 걸으며 생각한다. 매미 울음은 허망한 소음이 아니다. 그것은 생명의 합창이자 존속의 증거이다. 가족과 함께 엮어낸 시간이 바로 내 인생의 여름 노래이고, 그 노래는 언젠가 나를 넘어, 또 다른 계절로 이어지리라.

언젠가는 내 여름이 저물겠지만, 그 노래는 멈추지 않으리라고 믿는다. 내 아이의 삶과 손녀의 웃음 속에, 남편과 내가 일궈놓은 자취가 이어질 것이다. 매미 울음이 숲을 지탱하듯 사랑에 대한 기억은 누군가의 마음을 지탱하는 그늘이 될 것이다.

삶이란 결국 짧은 순간을 모아 긴 울림으로 남기는 일이다.

매미가 여름의 심장이 되듯,

나 또한 가족의 심장으로 남아있을 테다.

성탄절 소고

성탄절은 부활절과 더불어 기독교의 가장 큰 명절이다. 12월이 되면 거리에는 크리스마스트리로 불빛을 뿌리고, 캐럴이 바람결에 실려 온다.

반짝이는 상점 창문 선물을 주고받는 손길, 젊은이들로 붐비는 거리의 소란. 세상은 분주히 들떠 있지만, 내 마음 한편엔 묘한 쓸쓸함이 엄습해 온다. 한 해의 문턱이 닫혀가고 있어서일까. 바람 끝이 유난히 속을 파고 든다.

젊은 시절의 크리스마스는 한껏 활기가 넘쳤다. 친구들과 웃음소리를 터뜨리며 차가운 공기 속을 활보했고, 그 웃음은 눈송이처럼 밤하늘을 가득 메웠다.

하지만 세월은 그 속도와 빛깔을 서서히 바꾸어 놓았다. 이제는 떠들썩한 거리보다, 조용히 거실 한켠에 트리를 장식하는 일이 마음을 채운다. 반짝이는 장식품과 길게 늘어진 조명 아래, 마치 작은 숲속에 불이 켜진 듯 집 안이 따뜻해진다. 출가한 아이들이 놀러 와, 웃음으로 방안을 채우면 그것만으로도 성탄의 기쁨이 완성된다.

크리스마스트리의 유래가 떠오른다. 독일의 마틴 루터 킹 목사가 겨울 밤에 전나무가 빼곡한 눈 쌓인 산길을 지나가고 있었다. 갑자기 어두웠던 주위가 달빛에 밝아지면서, 전나무로부터 아름다운 빛이 나오는 것을 목격하였다. 전나무 가지마다 쌓인 눈이 빛을 흩날렸다.

그 빛 속에서 그는 하나님의 섭리를 보았다.

하얀 숨결 같은 빛을 집안으로 옮기고자 전나무를 가져와 장식한 것이 크리스마스트리의 시작이라 한다. 생각해 보면 나무에 걸린 조명 하나하나는 어쩌면 우리 마음속 어두운 길목에 켜진 작은 등불일지도 모른다.

거리엔 구세군의 종소리가 땡그랑 땡그랑 울린다. 빨간 자선냄비가 겨울바람 속에 서 있다. 나는 그 앞에서 잠시 멈춰 정성을 담았다. 내 손에 닿은 것은 동전이었지만 마음속에는 온기가 흘러나왔다.

TV에서는 시민들의 발걸음을 기다리는 자선냄비 소식이 전해진다. 해마다 묵묵히 거액을 기부하는 이들의 이야기는 마치 눈밭 속에서 피어오르는 모닥불 같다.

유대인들에게 '훌륭한 사람'의 조건은 지식도 권력도 아니었다. 그들이 말하는 핵심은 동정심이었다. 누군가의 부족함을 메우려는 손길, 남의 상처를 자기 일처럼 어루만지는 마음. 그것이 공동체의 힘이었다. 세상에는 늘 도움이 필요한 이들이 있다. 긍휼히 필요한 자에게 긍휼을, 구제가 필요한 자에게 도움을, 용서가 필요한 자에게 사랑을 건네야 한다.

성탄절은 단순히 축하의 날이 아니다. 차가운 길 위에 놓인 의자를 덮는 담요처럼 지친 이들의 마음을 덮어주는 날이다. 세상이 점점 각박해지고 사람들의 눈빛이 바빠질수록 우리는 더 자주 멈춰서야 한다.

한 줌 빛, 한 조각 떡, 한 마디 위로가 누군가의 살아갈 힘이다.

창밖엔 첫눈 같은 빛이 번진다. 그 빛이 이 겨울, 우리 안의 굳은 미음을 녹여내길 바란다. 그리고 성탄절이 단지 하루의 기념일이 아니라 서로의 마음속에 오래도록 타오르는 등불이 되기를 소망한다.

또 한 번 시간이 접히고 기억이 머무는 자리
-이춘희의 수필 미학-

유성호(문학평론가, 한양대학교 국문과 교수)

1. 수필 문학의 한 정수(精髓)

우리가 잘 알듯이, 수필(隨筆)은 글쓰는 이의 가장 구체적인 경험과 다양한 주제, 그리고 자유로운 형식을 핵심 속성으로 삼는다. 그래서 시나 소설보다 훨씬 경험적이고 고백적인 진술이 많아지게 된다. 그만큼 수필은 직접적이고 투명한 전언을 지향하면서 삶을 향한 작가의 기억과 비전을 동시에 품게 마련이다. 그 가운데 하나가 진솔한 고백을 통한 일종의 자기 확인 과정이고, 다른 하나는 특정 주제에 대하여 독자와 소통하려는 공감의 의지로 펼쳐지게 된다. 우리의 눈과 귀를 울리는 수필들은 한결같이 이러한 고백과 소통을 지향하는 속성을 안고 있다 할 것이다. 선향(仙香) 이춘희의 수필에는 이러한 고백과 소통의 속성들이 두루 반영되어 있다. 요컨대 그의 수필은 서정과 서사, 여행과 독서, 인생과 사회, 언어와 풍경 등 다양한 문양(文樣)들을 복합적으로 드러내면서 수필의 가장 고전

174

적인 성격들을 최대한 구현하고 있다. 그는 이번에 펴내는 신작 수필집 〈시간의 마디를 걷다〉에서 이러한 수필 문학의 한 정수(精髓)를 보여주는데, 그 안에는 삶의 궁극적 경지를 탐색하고 내면화하려는 성찰과 표현이 빼곡하게 담겨 있다. 작가 자신의 다짐은 이러하다.

새의 울음이 내 문장에 길을 내고 파도의 숨결이 행간을 흔들며 바람의 속삭임은 때로 아무도 읽지 못할 비밀을 적어 놓습니다. 사랑과 기쁨 그리고 설명할 수 없는 서늘한 떨림까지도 문장이 되어 심장 깊은 곳에서 다시 살아납니다. 시간이 무겁기도 했는데, 이제는 순간들이 손가락 사이로 흘러내려 허공에 흩어지는 것이 아쉬워 허무조차 붙잡고 싶습니다.

— 〈작가의 말〉 중에서

자연 안에 자신의 문장과 행간과 비밀이 숨겨져 있노라는 고백이다. 심장 깊은 곳에서 웅얼거리던 떨림의 시간이 비로소 문장의 형태를 얻어 여기서 몸을 드러낸다. 아쉬움과 허무까지 붙잡아 광활한 시간 속에 펼쳐 내려는 작가의 의지가 남다르게 다가온다. '수필가 이춘희'는 이처럼 이번 수필집을 통해 자신의 문학을 향한 순정한 마음과 미래에의 다짐을 한꺼번에 들려준다. 그의 수필은 남다른 기억의 힘으로 지난날을 재현하면서 그 시간을 항구적으로 간직하려는 꿈의 세계에서 발원하는 언어예술이라 할 것이다. 한 영혼의 기억을 기록해온 양식으로서의 수필이 독자적 빛을 발하는 순간인 셈이다. 그렇게 그의 수필은 합리성에 의해 일사불란하게 구축되는 선험적 질서가 아니라 이성이 그어놓은 표지(標識)들을 재구성하면서 상상해낸 상징적 질서에 의해 스스로를 증명하고 있다. 이제 그 수필 문학의 한 정수가 들어 있는, 작가 고유의 지향과 언어가 숨쉬고 있는 세계로 한 걸음씩 천천히 들어가 보도록 하자.

2. 기행(紀行)을 통해 깨달아가는 삶과 문학의 원리

우리 시대에 두드러지게 나타나는 문화 형식 가운데 하나가 아마도 '기행(紀行)'일 것이다. 미지의 공간에 대한 호기심과 그에 따른 탐험 정신을 수반하는 기행은, 자신을 타자화함으로써 '낯선 자아'와 한껏 마주치게끔 해준다. 물론 그것은 일상으로의 복귀를 전제로 한 것이기 때문에 다시 익숙한 자아로 돌아오는 회귀형 구조를 취하게 마련이다. 하지만 다시 돌아온 자아는 이미 예전의 그가 아니라 타자의 경험을 내면에 받아들인 '새로운 자아'일 것이다. 그래서 기행은 타자로서 새로운 시공간을 찾아나서는 열정에 의해 완성되는 어떤 것일 터이다. 이춘희는 이번 수필집에서 여러 곳을 탐방하고 걸어가고 그곳 풍경과 순간에서 얻은 감동들을 언어화한다. 말할 것도 없이 그것은 작가의 내면에서 타자화한 시공간이다. 그 시공간은 산간벽지 같은 물리적 오지이기도 하고, 보통사람들이 가닿을 수 없는 정신의 극점일 수도 있으며, 고단한 삶을 이어가는 이들이 모인 주변부이기도 하고, 상상 속에서나 찾아갈 수 있는 격절의 산정(山頂)이기도 할 것이다. 스스로[自] 그러하게[然] 숨쉬고 있는 자연을 찾아 떠나는 작가의 이러한 기행은 자기 정체성 확인과 이어지면서, 우리로 하여금 그러한 경험에 간접적으로 동참하게끔 해준다. 수필집에서는 이

러한 오래고도 새로운 시공간에 대한 탐험의 열정이 더없이 출렁이고 있
다 할 것이다. 그렇게 기행을 통해 이춘희 작가는 "누군가의 마음을 맑게
비추는 거울이 되어, 내 안의 흐림까지도 함께 걷어내는 일"(〈마음의 먼
지를 닦으며〉)에 나서게 된다.

> 갈릴리 호수는, 그런 여정의 고단함을 부드럽게 감싸주던 품이었다. 예수의 사역
> 이 머물렀던 장소, 병든 자를 일으킨 가버나움, 빵 다섯 개와 물고기 두 마리로 수
> 천 명을 먹였던 기적의 터전이다. 그 물가에서 우리는 작은 배를 탔다. 바람 따라
> 흔들리는 그 위에서 선상 예배를 드리고, 성찬을 나눴다. 흘러가는 시간 위에 오
> 래된 숨결이 되살아났다. 가슴이 찌릿했다. 갈릴리를 떠나며 내 안의 파문을 들여
> 다본다. 그 호수는 내게 말을 건다.
> "고요하되 깊고, 넓되 유연하라고. 그분처럼 세상을 보듬고, 물결처럼 흐르되 흔
> 들림 없이 살아가라."
> 그래서 나는 지금, 마음속에 작은 갈릴리 하나를 품는다. 그 잔잔한 물 위에 내 삶
> 의 화두 하나를 띄운다.
> '경건하게, 유연하게. 흔들리되 부서지지 않으며. 이제, 그렇게 나의 여정을 다시
> 시작하려 한다.'
> — 〈갈릴리호수 성지순례〉 중에서

지구를 반 바퀴 돌아 작가는 성지(聖地) 이스라엘에 도착하여 그곳에
서 바라보고 경험한 '갈릴리 호수'를 재현하고 기억하는 과정을 담았다.
신(神)은 같아도 해석이 달라 갈라진 종교들이 전쟁을 품은 곳이어서 작

가는 순례가 아니었다면 그리 반길 여행지는 아니었을 것 같다고 말한다. 하지만 작가는 오랫동안 마음속에 품었던 '갈릴리 호수' 기행을 통해 "베드로가 고기를 낚던 곳, 그물이 찢어지도록 물고기를 건져 올리던 기적이 있던 호수"에서 신성(神聖)과 인생을 동시에 되살리고 감동에 젖는다. 이러한 순간은 "그때의 공기, 그때의 호수, 그리고 그때의 나를 다시 만나기 위해서. 과거로 향한 이 조용한 여정은 언젠가 다가올 내 미래를 밝히는 등불이 되어줄 것이다."(〈연둣빛 대청호 그날의 나〉)라는 표현을 즉각 떠올려준다. 결국 갈릴리 호수는 여정의 고단함을 부드럽게 감싸주었고, 시인은 흘러가는 시간 위에 오래된 숨결이 되살아나는 것을 경험하였다. 그 순간 호수가 던져준 "고요하되 깊고, 넓되 유연하라고. 그분처럼 세상을 보듬고, 물결처럼 흐르되 흔들림 없이 살아가라."는 명제야말로 작가 자신이 받아들인 삶의 지남(指南)이 아니었겠는가. 이렇게 작가의 갈릴리 호수 기행은 작가 자신이 발견해갈 원초적 세계를 상징적으로 암시해준다. 그러한 신앙과 인생의 발원지가 되어준 갈릴리 호수는 지성적이고 정서적인 탐구 과정을 담아낸 근원적 현장이 되어준 것이다. 그렇게 이춘희 작가는 여전히 길 위에 서 있다.

우리 기억에는 몇 갈래의 '길'이 있다. 펠리니(F. Fellini)의 영화 〈la strada〉, 시내트라(F. Sinatra)의 장중한 노래 〈My Way〉 등은 길을 상징 차원까지 각인한 명품들이다. 프로스트(R. Frost)의 〈The road not taken〉 역시 길을 뚜렷한 미학적 심상으로 들려준 바 있다. 프로스트의 화자는 두 갈래의 길을 다 가지 못하는 것을 안타까이 여기면서 그 가운데 사람이 적게 걸은 길을 선택한다. 도전과 개척의 의미를 품은 이러한 선택은 다른 길을 남겨두는 행위를 수반하지만, 결국 그 길을 다시 걸을 수 없었을 것임을 프로스트의 작품은 암시해준다. 이처럼 우리에게 '길'은 인생론적 선택과 해석에 결정적 역할을 하는 상징으로 다가온다. 작가 이춘희가 걷고 있는 길 역시 이러한 선택과 수용의 속성을 지닌 채 비로소 독자들의 내면으로 흘러들고 있다. 그렇게 작가에게 "여행이란 결국 낯선 풍경 속에서 나 자신을 찾는 일"(〈벚꽃 속에 다시 피어난 삶〉)이었을 것이다. 다음 작품도 그러한 길 위에서 쓰였을 것이다.

> 흐르는 강물을 바라보며 내 인생의 여백에 강물처럼 맑은 마음을 채워야겠다고 생각했다. 각자 준비해온 반찬을 풀어놓고, 밥을 맛있게 지어 한상 차렸다. 먹는 정이 이렇게 두터울 줄이야. 밤이 깊어 가는 줄 모르고 자작시를 낭송도 하고 시 합평도 하면서 유익한 시간을 보냈다.
>
> 돌이켜보면 진한 커피 향처럼 구수한 시간이었다. 함께 보낸 따뜻하고 아름다웠던 순간들이 문우들의 글 속에서 꽃을 피우고 있으리라. 그리고 그 꽃들은 다시 누군가의 가슴에 잔잔한 감동으로 흩날려, 시간이 지나도 지지 않는 시의 향기로 남아 있으리라.
>
> ─ 〈눈꽃 핀 신륵사 문학기행〉 중에서

경기도 여주(驪州)를 찾은 문학기행의 여정과 감동이 펼쳐진다. 오랫동안 인연을 이어온 문우들과의 동행이 여간 반갑지 않다. 어느 늦겨울, 문우 일행은 눈이 소복이 쌓인 여주 신륵사를 향한다. 천사의 선물 같던 눈꽃은 아름답기 그지없었다. 문우들은 시간을 멈추고 과거와 미래에서 벗어나 눈 위 요정이 되어 천진난만하게 즐겼다. 신라 진평왕 때 원효대사가 창건했다는 신륵사는 나옹선사 같은 고승들이 머물렀던 곳이다. 눈꽃이 수묵화처럼 감싸는 그곳에서 작가는 나옹선사가 심었다는 600년 된 은행나무를 바라보면서 '굴곡 없는 인생이 어디 있겠는가?'라는 깨달음에 젖는다. 함께했던 아름다운 문학기행 시간을 톺아 올리면서 작가는 문우들의 글 속에서 피어날 눈꽃과 그것이 다시 누군가의 가슴에 감동으로 남을 순간을 그린다. 작가는 "분주한 도시에서의 말라버린 감정을 채우기 위해선, 여행으로의 재충전이 필요한 것 같다는 생각"(〈덕봉산 해안 생태탐방로 산책〉)을 하면서 그 순간들이 "마음의 불씨였고, 친구들과의 웃음이 담긴 작은 시간의 저장소"(〈붕어빵에 추억을 굽다〉)였음을 거듭 알아간다. 그때마다 "물빛과 파도, 바람과 노을이 문장이 되고"(〈몸으로 하는 독서여행〉) 있지 않았겠는가.

　이처럼 이춘희 작가에게 기행이란 삶의 순간순간을 지탱하는 과정적 운동으로 찾아온다. 그것은 작가 스스로 자신의 실존적 경험을 힘겹고 아름답게 유지해가는 원리이기도 할 것이다. 그래서 작가는 기행을 통해 자신의 삶과 문학의 어떤 원리나 방향을 깨닫곤 한다. 작가가 보여준 수필의 격조는 과거와 현재는 물론, 자아와 대상, 현상과 실재, 죽음과 삶, 생성과 소멸의 경계를 지워가면서 자신의 언어와 사유를 한 차원 높게 완성해가는 기행 과정으로 설명할 수 있을 것이다. 거기에 대상을 안아들이고 스스로의 삶을 완성해가려는 힘이 숨쉬고 있고, 삶의 순연한 흐름에 대한 친화와 긍정이 깊이 흐르고 있는 것이다.

3. 시간의 마디 속에 남기는 담담한 문양들

시간이란 우리의 삶에서 흐름의 연속성으로 경험되고 인지되고 기억되는 관념이자 물리적 실체이다. 그러나 시간의 흐름은 그 자체로 객관적인 실재가 아니라 하나의 가상적 은유일 뿐이다. 그만큼 사람마다 전혀 다른 경험과 기억 속에서 구성될 수밖에 없는 것이 시간인 셈이다. 삶이나 사물의 비의(祕義)를 암시하려 할 때, 우리가 시간의 흐름이라는 은유를 택하여 기억을 구성하려는 것도 시간이 가지는 이러한 속성 때문이다. 이춘희 작가는 구체적 공간을 탐사하면서도 그 안에서 삶을 시간 형식으로 은유함으로써 경험과 기억을 재구성해가는 원리를 충실하게 수행해간다. 이러한 원리를 수행하면서 작가는 비가시적인 현상이나 속성이나 가치에 대해서도 매우 예민하고도 심미적인 시선을 보낸다. 그래서 '보이는 것'과 함께 '보이지 않는 것'의 위의(威儀)를 동시에 들려준다. 비가시적인 것을 통해 징후적이고 암시적인 연속성을 드러내주는 작가의 혜안과 필력이 이번 수필집의 최종 주제이기도 한 '보이지 않는 시간'의 아름다운 원리를 선연하게 암시해주는 것이다. 다음 작품을 먼저 읽어보자.

소녀 시절부터 품어온 꿈, 내 삶을 담은 책을 남기고 싶다. 시간은 강물처럼 흘러가지만 무의미하게 흘려보낸다면 한 생이 그렇게 길지 않은데, 너무도 허무할 것이다. 나는 쳇바퀴 같은 일상 속에 남루함을 허락하고 싶지 않다.

그래서 오늘도 눈과 귀와 마음을 활짝 열어 끝없는 도전의 길 위에 서 본다, 내 안의 정원을 가꾸듯, 한 줄 한 줄 시를 심는다.

　인생의 황금기란 결국, 시간을 어떻게 채우느냐에 따라 달라지는 빛이 아닐까.

노력과 도전을 멈추지 않을 때, 삶은 끝까지 성장할 수 있다.

　나는 지금, 황금기의 정원에서 천천히 내 시간을 가꾸고 있다. 그리고 그 시간이

다해갈 때 한 송이 꽃으로 기억되고 싶다.

　지금 이 순간에도 나의 황금기는 여전히 피어나고 있다.

—⟨황금기 정원에서⟩ 중에서

　작가는 앞만 보며 달리던 젊은 날을 뒤로 하고 새로운 황금기의 초입
에 서있다. 오랜 벗들과 여행길에 오르고 맛집을 찾아다니며 가끔 산을
오르며 숨을 고른다. 그렇게 여행과 독서와 글쓰기를 통해 정신을 가꾸어
간다. 문학은 정신을 씻어내는 정화의 시간이니만큼 작가는 누군가에게
그 시간을 건네고 싶어 글을 쓴다. "더 이상 쓸 말이 남지 않은 것은 아닐
까. 그러나 곰곰이 들여다보면, 내 안에는 아직도 채워야 할 여백이 많다.
어떻게 하면 그 여백을 아름답게 채울 수 있을까."를 고민하면서 말이다.
작가는 "삶이란, 밀물과 썰물이 엮어 만든 한 편의 긴 시(詩)"(⟨바다의 숨
결, 밀물과 썰물⟩)라고 생각하면서 "소녀 시절부터 품어온 꿈, 내 삶을 담
은 책을 남기고" 싶은 마음에 도달한다. 인생의 황금기란 결국 시간을 어
떻게 채우느냐에 따라 달라지는 빛이 아닐까 하고 여기면서 "이 향기가
오래 남아, 내 하루를 천천히 물들이기를"(⟨가시와 향기 사이에서⟩) 바라
게 된다. 지금 황금기의 정원에서 천천히 시간을 가꾸고 있을 작가의 모
습이 잔잔하게 다가온다.

《시간》이라는 명저를 쓴 칼 하인츠 가이슬러는 "빠름만이 가치 있는 것으로 간주되는 곳에서 느림은 경시된다. 속도는 창조력이 되기도 하지만 동시에 사회를 파괴하는 폭력이 되기도 한다. 우리 사회에 점점 가속이 붙으면서 세심함, 부드러움, 사려 깊음 그리고 다른 많은 것들이 사라지고 있다."라고 말했다. 그 안에는 우리가 빠른 기차를 타고 가면 주위 풍경을 바라보지 못하는 이치 같은 것이 담겨 있다. 결국 속도의 효율성을 버리지 않으면서 속도가 가져다주는 맹목의 성취 제일주의를 비켜서려는 이러한 태도만이 시간이라는 절대권력에 투항하지 않고 근원적 질서에 친화해가는 마음일 것이다. 작가 이춘희의 마음속에 그러한 시간의 질서가 황금기로 빛나고 있지 않은가. "내려놓기가 쉽지 않지만, 더 풍성하게 자라기 위해서는 때로는 용기가 필요"(〈삶의 가지치기〉)함을 작가는 이미 글쓰기를 통해 체득해가고 있지 않은가.

가끔 고향 친구와 모이면 그 시절 이야기에 웃음꽃이 핀다. 구관이 명관이라고, 오래된 친구들은 된장국처럼 구수하고 잊혀지지 않는다. 그 시절 함께한 시간들은 지금의 나를 지탱해주는 든든한 뿌리가 되었다. 요즘 아이들은 어려서부터 학원에 매여 정서가 마르지 않을까 걱정된다.
'친구들과의 다정한 추억도 없이, 그저 경쟁에서 최고가 되어야 한다는 욕망에 집착하고 있지는 않을까?'
양재천을 따라 시간의 마디마디를 걷는 이 아침은 어쩌면 지금이 아니라 중학교 시절 그때 그 여름 속을 걷는 것 같다. 시간은 흘러갔지만 기억은 멈추어 있고, 나는 그 경계 어딘가를 조용히 지나가고 있다. 오늘의 산책도 그렇게 한 장의 추억이 될 것이다. 또 한 번 시간이 접히고 기억이 머무는 자리에 남아있으리라.

— 〈시간의 마디를 걷다〉 중에서

이번 수필집의 표제작이기도 한 이 작품은 '시간'이라는 주제에 대한 각별한 수상(隨想)의 결실이다. 시간의 마디야말로 우리 삶의 확연한 은유가 아닐 것인가. 천변을 걸으면서 작가는 오염되지 않은 원초적 자연을 발견하곤 한다. 그 순간 작가는 "구관이 명관이라고, 오래된 친구들은 된장국처럼 구수하고 잊혀지지 않는다. 그 시절 함께한 시간들은 지금의 나를 지탱해주는 든든한 뿌리가 되었다."라고 지나온 순간들을 그리워한다. 그러면서 친구들과의 다정한 추억도 없이 그저 경쟁에서 최고가 되어야 한다는 욕망에 집착하는 시대를 안타까워한다. 천변을 따라 시간의 마디를 걷고 있는 작가의 마음속에 "시간은 흘러갔지만 기억은 멈추어 있고, 나는 그 경계 어딘가를 조용히 지나가고 있다. 오늘의 산책도 그렇게 한 장의 추억이 될 것이다. 또 한 번 시간이 접히고 기억이 머무는 자리에 남아있으리라."라는 곡진한 깨달음이 밀려온다. 우리가 뒤돌아볼 겨를 없이 질주해온 시간은 장밋빛 미래를 가져다주기도 했지만 그것이 남긴 어둑한 그늘도 만만치 않아 우리는 존재론적 소외와 상실을 목도하는 경우가 많아졌다. 이러한 상황에서, 작가는 새로운 차원의 시간적 사유를 하게 된다. 작가는 복합적이고 역동적인 시간을 통해 자신이 주인이 되는 시간관을 주문한다. 그 점에서 성찰의 시간을 스스로에게 부여하는 이춘희 작가의 태도는 새삼 우리에게 계고적(戒告的)으로 다가온다. 그렇게 작가는 "바람결에 흩날리는 추억들, 오늘의 나를 어루만지며 소중한 시간의 파편이 되었다.”(〈청어처럼 살리라〉)라고 고백하고, “봄을 맞기까지 얼마나 긴 고요와 고통을 견뎠을”(□봄비 내리는 날의 회상□) 오랜 시간을 생각해본다. 그렇게 시간의 마디를 걷는 일은 산길과도 같아서 “오르막이 있으면 내리막이 있고 정상의 기쁨 뒤에는 묘한 허전함이 따른다. 그러나 산은 언제나 맑고 순수한 마음으로 삶의 여백을 채워주는 벗이다.”(〈천년의 숨결, 발왕산 주목〉)라는 진술을 불러왔을 것이다.

이처럼 이춘희 수필은 작가 자신의 자기 탐색 혹은 성찰의 성격이 짙은 언어로 다가온다. 작가는 자신의 주변에서 친숙하게 경험할 수 있는 삶의 문양에 자신의 언어적 초점을 맞추면서, 일상에서 마주치는 순간적 감동과 자각을 친화력 높은 문장으로 제시한다. 이때 핵심 사안으로 등장한 것이 ‘시간’이라는 관념이다. 또한 그의 수필은 어떤 계획이나 형식에 크게 구애받지 않고 자신의 느낌이나 정서를 표현하면서 그 나름의 고유한 세계 이해와 표현 방식을 진솔하게 보여준다. 이러한 점을 생각할 때 우리는 그의 수필이 일상성을 특성으로 하면서 독자들에게 공감을 건네는 언어 양식이라는 점을 알게 된다. 시간의 마디를 정성스럽게 걷고 그 과정을 담아낸 이춘희의 수필이 담담하고 아름다운 문양을 남기는 까닭이 바로 거기에 있을 것이다.

4. 존재론적 기원의 애잔한 탐구

일반적으로 기억이란 과거 사실들을 향하는 것이지만 작가의 기억은 현재적 삶을 지탱하는 어떤 심연이자 원형으로 각인되는 경우가 많다. 그래서 기억은 살아온 날들에 대한 **빽빽한** 회상이자, 살아갈 날들의 근원적 힘으로 작동하게 된다. 그렇게 기억은 현실에서는 불가능한 일종의 존재 전환을 꾀하면서 우리로 하여금 일상적 현실에서 벗어나 전혀 새로운 차원으로 이동할 수 있게끔 해준다. 비록 순간적이지만 새로 펼쳐진 시공간에서 이루어지는 경험은 무한 확장을 통해 다양한 사물이나 풍경들로 그 권역을 넓혔다가 다시 자기 확인으로 회귀하는 과정을 밟아간다. 그 가장 근원적이고 궁극적인 귀소(歸巢) 지점은 바로 고향 혹은 육친의 시간들일 것이다. 이른바 '존재론적 기원(origin)'이라고 명명할 수 있는 애잔하고도 그리운 풍경이 여기 뒤따르게 된다.

> 그렇게 세월은 흘러가고, 어릴 적 풍경은 점점 흐릿해져 가지만 마을 어귀의 고목처럼 아버지는 여전히 그 자리에 서 계셨다. 예전처럼 날렵하던 모습은 아니지만, 세월의 흔적을 품은 채 꿋꿋이 살아계신다는 사실만으로도 감사할 뿐이다.
> 앞으로 몇 번이나 이 길을 달려 아버지를 뵐 수 있을까?'
> 문득 스쳐간 생각에 가슴 한쪽이 아려왔다. 그러나 고향 가는 길은 언제나 엄마처럼 나를 품어준다. 낯설어져 가는 풍경과 변해가는 시간 속에서도, 이 길은 나에게 쉼과 위로를 줄 것이다. 그리고 차창 너머로 스쳐 가는 들판과 강물, 바람에 흔들리는 나무들은 다시금 내 마음을 평온하게 만든다. 고향은 그렇게 오늘도 나를 기다리고 있었다.
> ─〈고향 가는 길〉중에서

이번 수필집에는 지나온 시간을 회상하는 내용 곧 유년 시절 이야기나

고향 이야기가 매우 중요한 뼈대를 형성하고 있다. 그만큼 그의 성장사는 그의 수필이 지향하는 주제를 담고 있다고 해도 좋을 것이다. 물론 문학 작품에 반영된 시간은 경험적 시간 자체가 아니라 작품 내적으로 변형된 미학적 시간이다. 우리의 기억 또한 심상(心像)이라는 지층(地層)에 남은 시간의 변형된 흔적일 것이다. 이춘희 작가는 의식 저편에 깃들인 형상들을 상상적으로 복원하고 변형하여 자신의 현재형을 유추해간다. 그러한 유추는 지나온 순간에 대한 매혹으로 나타났다가 다시 작가의 삶을 반추하는 과정을 어김없이 거친다. 작가는 이러한 마음으로 "빛바랜 마른 낙엽처럼 무기력한 공허함을 떨쳐버리고, 옛날로 돌아가 보련다."(〈12월의 단상〉)라거나 "항상 그곳이 그리웠고, 그것이 향수병이라는 것을 나중에야 알았다."(〈출렁다리 인생길〉)라고 고백한다. 작가는 설 지나고 아버지 생신이 다가오자 이른 새벽에 고향을 향한다. 고향을 가로지르는 금강 물줄기는 눈부신 햇살에 반짝이며 유유히 흐른다. 차창 밖으로 펼쳐진 자연 풍경에 마음이 절로 푸근해지는 작가에게 고향 가는 길은 언제나 즐겁고 설렌다. 어머니의 품과 같은 안식처이자 유년의 추억을 간직한 곳이기 때문이다. 맨발로 흙길을 달리던 기억, 개울가에서 친구들과 물장구치던 순간들, 마당 가득 울리던 할머니의 부드러운 음성이 귓가에 맴도는 순간, 작가는 '앞으로 몇 번이나 이 길을 달려 아버지를 뵐 수 있을까?' 하면서 가슴 한쪽이 아려오는 것을 느낀다. 하지만 고향 가는 길은 언제나 엄마처럼 다사롭고 기쁘기만 하다. 그곳에 "아버지의 붕어낚시는 가족을 위한 은밀한 헌신이었고, 아무도 몰래 걸어둔 사랑의 미끼였다."(〈아버지의 붕어낚시〉)는 기억을 한없이 건네주시는 아버지의 노경(老境)이 애잔하게 흐르고 있기 때문이다.

그 겨울맞이 풍경은 매년 똑같이 이어질 것만 같았지만, 지금은 김치냉장고가 그
일을 대신한다. 절인 배추를 사고 담근 김치를 사는 세상, 편리함은 많아졌지만
그때의 겨울 준비는 사라졌다. 예전엔 김장과 함께 연탄도 쌓아두었다. 창고에 연
탄이 가득하면 어머니의 마음도 든든함으로 가득 찼을 것이다.

고향집 장독대 뚜껑은 여전히 햇살에 반짝인다. 그러나 그 앞에 서서 수건을 두르
고 배추를 쟁이던 어머니는 이제, 기억 속에서만 손을 놀린다. 김장철이 오면 나
는 마트의 절임배추 앞에서 한참을 서 있다. 그것은 배추가 아니라 내 어린 날의
마당 가득 번지던 어머니의 숨결, 그리고 골목마다 퍼지던 따끈한 인정을 다시 보
는 것 같다.

　　—⟨김장 담그던 어머니의 손길⟩ 중에서

이번에는 '어머니'다. 작가는 어머니에 대한 기억을 통해 "평화란 어쩌
면 마음의 틈에 스며드는 자연의 속삭임"(⟨자연이 속삭이는 청천호를 걷
다⟩)임을 알게 되고, "고목의 나이테에는 견뎌낸 날들의 무게와 온기가
함께"(⟨까치 느티나무⟩) 스민다는 것을 깨닫는다. 한결같이 작가 자신의
존재론적 기원을 정성껏 탐색해가는 모습이 아닐 수 없다. 어느 초겨울
날, 작가는 어머니의 발소리를 환청처럼 떠올리면서 부엌과 마당을 동동
거리던 어머니의 발걸음을 소환한다. 김장과 연루된 기억이다. 김장 담그
던 날은 어린 작가에게는 잔칫날이었지만 어머니에게는 허리를 굽히고
손끝을 재촉해야 하는 긴 하루였다. 아버지는 땅속 깊이 장독을 묻었고

어머니는 그 속에 김치를 차곡차곡 눕혔다. 그렇게 김장 날은 사람들의 온기가 함께 익어가던 날이었다. 여전히 햇살에 반짝이는 고향집 장독대 뚜껑, 그러나 어머니는 이제 기억 속에만 계실 뿐이다. 어린 날 마당 가득 번져가던 어머니의 숨결이 애잔하게 들려오는 듯하다.

이처럼 존재의 근원에 대한 원형적 사유로 집약되는 이춘희의 수필 세계는 육친에 대한 기억과 그리움의 에너지를 통해 다양하고도 심원한 형상을 얻어간다. 이때 기억과 그리움은 작가 자신의 제일의적 존재 조건이 되어주고, 그의 수필은 자신의 경험적 구체를 기억하면서도 이제는 그러한 시간을 되돌릴 수 없다는 그리움에 감싸여 있게 된다. 더욱 확장해서 말하면, 작가의 기억과 그리움은 인간 존재 형식을 그대로 담고 있는 고유한 정신 운동이라고 해도 지나치지 않을 것이다. 사실 모든 기억은 지난 시간을 단순하게 재현하는 것이 아니라 주체의 현재 욕망에 의해 선택되고 재구성되는 것이라는 점에서 그것은 작가의 현재 욕망과 닮아 있게 된다. 그렇게 이춘희 작가는 부모님과 고향을 떠올리면서 존재론적 기원에 대한 애잔한 경의(敬意)를 이어간다. 그럼으로써 원초적 통일성을 회복해가려는 작가로서의 한없는 지향과 공력을 키워가는 것이다.

5. 아름답게 번져가는 회상과 고백, 사랑의 시간

수필은 문학 갈래 중에서도 매우 독특한 속성을 지니는 양식이다. 시, 소설, 희곡과 같이 창작 문학에 가까우면서도 형상화에 의한 순수한 창작은 아니고, 비평적이면서도 이해와 성찰에 의해 평가에 이르는 순수한 비평도 아니다. 그러면서도 자연과 인생을 관조하여 그 형상과 존재의 의미를 밝히기도 하고, 남다른 지성으로 새로운 양상과 지향을 명쾌하게 제시하기도 한다. 우리가 읽은 이춘희의 신작 수필집은 이러한 수필의 존재 형식에 충실하게 부합되는 성과를 보였다고 평가할 수 있을 것이다. 그의 수필은 이처럼 자연 사물의 구체성과 함께 그것을 인사(人事)와 유추적으로 연관 짓는 상상력을 건네준다. 그 안에는 우리 수필의 미래적 지평을 열어주는 섬세함이 담겨 있다. 그는 기억 저편의 시간들을 호명하는 데 그치지 않고 그 안에서 자연 사물에 대한 심미적 경험을 구성하는 장인 정신을 보여준다. 오랜 시간의 적층(積層)을 담으면서도 자신이 치러온 경험과 상상을 섬세하게 재현하는 현재성을 발휘하고 있다. 그러한 미학적 의지를 통해 삶의 궁극에 가까이 가고자 하는 것이 말하자면 이춘희 수필의 확연한 진경(進境)인 셈이다.

수필을 쓴다는 것은 '두 장의 거울'을 준비하는 일과 다르지 않다. 사람들은 자신의 얼굴을 비추어주는 거울을 바라보면서 스스로에게 몰입하기도 하지만, 성숙한 작가는 그 반대편에 또 한 장의 거울을 준비하여 자신의 뒷모습을 응시할 줄 안다. 이때 중요한 것은 그 뒷모습을 진정성으로 바라볼 줄 아는 자기 성찰의 품일 것이다. 뒷모습을 가리지 않고 그것을 드러내 온몸으로 견뎌내는 것, 곧 자신에 대해 반성적 의식을 가지는 것이야말로 수필의 가장 위대하고 고유한 몫이 아닐 것인가. 일찍이 바슐라르(G. Bachelard)는 "이미지 생성은 인간 존재의 근본적 움직임인 역동적 상상력에 의해서 이루어진다."라고 하였는데, 우리가 읽은 이춘희 수필은 역동적 상상력을 통해 존재 갱신과 실존적 자각 사이에서 궁극적 생의 형식을 완성하고자 하는 모습을 보여주는 세계이다. 눈에 보이지 않는 것들의 위의는 그렇게 그의 수필 속에서 하나 둘씩 아름답게 번져간다.

결국 이춘희 수필은 아름다운 추억으로 남아 있는 지난 시간들 안에서 회상과 고백, 사랑의 시간을 아름답게 적출하여 우리에게 보여준다. 우리도 글썽이는 눈으로 그 아름다움을 천천히 따라가 본다. 그 길 끝에는 가난했던 시절도 아름다운 추억으로 존재한다는 작가의 믿음이 선연하게 묻어 있다. 이제 우리는, 이번 수필집 《시간의 마디를 걷다》 출간을 축하하면서, 이춘희 작가가 더 깊어진 시선과 필치로, 오랜 긍정의 마음을 견지하면서 더 좋은 작품들을 써가기를, 마음 깊이 희원해보게 된다.